U0910577

当徐志摩遇见纳兰容若

曾入龙　著

图书在版编目（CIP）数据

当徐志摩遇见纳兰容若 / 曾入龙著. — 武汉 : 武汉大学出版社, 2020.1
ISBN 978-7-307-21419-4

Ⅰ. 当…　Ⅱ. 曾…　Ⅲ. ①纳兰性德（1654–1685）—生平事迹 ②徐志摩（1896–1931）—生平事迹　Ⅳ. K825.6

中国版本图书馆CIP数据核字(2020)第019890号

责任编辑：黄朝昉　孟令玲　　责任校对：牟　丹　　版式设计：小燕儿

出版发行：**武汉大学出版社**　　（430072　武昌　珞珈山）
（电子邮箱：cbs22@whu.edu.cn　网址：www.wdp.com.cn）
印刷：北京柯蓝博泰印务有限公司
开本：880×1230　1/32　印张：9　字数：220千字
版次：2020年1月第1版　2020年1月第1次印刷
ISBN　978-7-307-21419-4　定价：39.80元

序

半生春梦何曾足

徐志摩，大清光绪二十三年（一八九七年）生，原名章垿，字槱森，留英时易名为志摩，曾用笔名南湖、诗哲、海谷、大兵、云中鹤、仙鹤、删我、心平、黄狗谔谔等，新月派代表诗人。先后就读于北京大学、美国克拉克大学、美国哥伦比亚大学、英国剑桥大学等，曾任教于北京大学、光华大学、南京中央大学、北京女子师范大学等。著有小说集《轮盘》、诗歌集《志摩的诗》《翡冷翠的一夜》《猛虎集》《云游》、散文集《落叶》《巴黎的鳞爪》《自剖》《秋》、日记《爱眉小札》《志摩日记》，翻译作品有《曼殊斐儿小说集》《赣第德》《玛丽·玛丽》等。曾与胡适、陈西滢等人创办《现代诗评》周刊，主编《晨报副镌》及《晨报》副刊《诗镌》，参与创办《新月》月刊，与方玮德等人创办《诗刊》季刊等。一九三一年因飞机失事去世，享年三十五岁。

纳兰容若，大清顺治十一年（一六五五年）生，原名成德，因避讳太子保成之名而易名为性德，字容若，号楞伽山人，满洲正黄旗人。纳兰容若自幼饱读诗书，十七岁入国子监，十八岁中举人，十九岁成为贡士，二十二岁获殿试二甲第七名，获赐进士出身。主持编纂《通志堂经解》，参与编选《今词初集》，著有《饮水词》《渌水亭杂识》等。一六八五年溘然病逝，享年三十一岁。

两人相隔了二百四十余年，却奇迹般地相遇在了文字里，如果二人真的相遇了，情形是怎样的？把酒言欢，成为知己？抑或擦肩而过，形同陌路？想来应是前者。二人俱是喜爱交游之人，终其一生，都在寻找知己。于是，徐志摩与胡适、沈从文、朱自清、郁达夫等人成了莫逆之交，纳兰容若也与顾贞观、吴兆骞、姜宸英、朱彝尊等人结为知己。

一个因为父母之命媒妁之言，而与不喜欢的人成婚，好不容易离了婚，心爱之人却成了他人妇，后来遇见了一个深爱的女子，但婚后的生活却不是他想要看到的样子，恰值壮年之时，理应干份天大的事业，不料飞机失事，云中君竟真的从云中而去了。爱情从未缺席于每一个人的生命里，于他们二人而言亦如是。一个与青梅竹马错失良缘，得了佳人不过三年光景，却又痛失爱妻，好不容易遇见了一位灵魂伴侣，相伴不足一年，自己却溘然长逝了。

二人的爱情之路都很挫折，二人的生命皆戛然而止。泰戈尔说，生如夏花之绚烂，死如秋叶之静美，他们做到了。可是，他们明明还可以做得更好。

徐志摩与友人创办或主编了《晨报副镌》《诗镌》《诗刊》等，为当时的中国新诗点亮了一盏明灯。纳兰容若当然也不平庸，与友人选编《今词初集》，照亮了清初词坛的一角河山，复又主持编纂《通志堂经解》，为后人留下了一笔可贵的文化遗产。文学的价值从来都不只在于自己一个人写，还在于集诸人一起，为一项瑰丽的文学事业而奋斗。于是，徐志摩在上海时，自己的住处成了雅集之地，至北京居胡适处，兹处嘉宾往来如云；纳兰容若的渌水亭，成了诸人觥筹交错、唱和咏叹之地，渌水亭成了一首绝句，旁逸斜出于大清王朝苍茫的岁月里。

许多年后，林徽因对自己的儿女说：“志摩当初爱的并不是真正的我，而是他用诗人的浪漫情绪想象出来的林徽因，而事实上我并不是那样的人。”诗人的浪漫，是不可思议的。浪漫的李白，有了“飞流直下三千尺，疑是银河落九天”的磅礴句子；辛弃疾也因浪漫有了“昨夜松边醉倒，问松我醉何如。只疑松动要来扶，以手推松曰去”的《西江月》。于是，徐志摩在《阔的海》中写道：“阔的海空的天我不需要，我也不想放一只巨大的纸鹞上天去捉弄四面八方的风。”纳兰容若则有了有境界有高格有气象的《如梦令》：“万帐穹庐人醉，星影摇摇欲坠。归梦隔狼河，又被河声搅碎。还睡，还睡，解道醒来无味。”

关于诗歌，徐志摩自有见解。徐志摩认为，有性灵才有真诗，写诗就是性灵的自然流露。于是他这样写道：“我的笔本来是一匹最不受羁勒的野马，看到了（闻）一多的谨严作品我方才憬悟到我自己的野性；但我素性的落拓始终不容我追随一多他们在诗的理论方面下过任何细密的功夫。”此与纳兰容若的主张十分契合。纳兰容若曾在《渌水亭杂识》卷四云：“诗乃心声，性情中事也。”

纳兰容若不仅主张，并且做得极好，其之作品，多为性情之作。顾贞观《饮水词》序云：“非文人不能多情，非才子不能善怨。

骚雅之作，怨而能善，唯其情之所独多也。容若天资超逸，悠然尘外。所为乐府小令，婉丽清凄，使读者哀乐不知所主，如听中宵梵呗，先凄惋而后喜悦。”王国维在《人间词话》中写道：“纳兰容若以自然之眼观物，以自然之舌言情。此由初入中原，未染汉人风气，故能真切如此。北宋以来，一人而已。”可见纳兰容若之主张，是十分可取的，其能葆有自然之舌言情，确是难能可贵的。

而徐志摩的诗歌，字句清新，韵律谐和，比喻新奇，想象丰富，意境优美，神思飘逸，富于变化，追求艺术形式的整饬、华美，具有鲜明的艺术个性。陈梦家在《新月诗选·序言》中说：“他的诗，永远是愉快的空气，不曾有一些儿伤感或颓废的调子，他的眼泪也闪耀着欢喜的圆光。这自我解放与空灵的飘忽，安放在他柔丽清爽的诗句中，给人总是那舒快的感悟。好像一只聪明玲珑的鸟，是欢喜，是怨，她唱的皆是美妙的歌。”朱自清在《新中国文学大系·诗集·导言》中说：“他是跳着溅着不舍昼夜的一道生命水……他让你觉着世上一切都是活泼的、鲜明的。陈西滢氏评他的诗，所谓不是平常的欧化，按说就是这个。又说他的诗的音调多近羯鼓饶钹，很少提琴洞箫等抑扬缠绵的风趣，那正是他老在跳着溅着的缘故。”

总而言之，“诗乃心声”确是古今恒定的真理了。今人读诗，无论是徐志摩的新诗，还是纳兰容若的长短句，俱是用一颗心去寻另一颗心，尔后去发现、去认识、去亲近、去了解……这是没有时空限制的。故而徐志摩遇见了纳兰容若，我们也能循着逼仄的诗句，去遇见烂漫而可爱的他们。

李白曾作诗云：“风流若未减，名与此山俱。”昔时风流，何止与山，还与水、与诗、与画同在，亦与文字同在。文字不仅沾染了锦绣的光阴，旧人旧事旧风流，亦在文字里。徐志摩与纳兰容若一生与文字结缘，把自己活成了文字，今人若有雅致闲心，不妨褪了浮躁，去文字中寻他们——寻一段浪漫婉约的缘吧！

目录

思无邪：何处春深好，春深稚子家

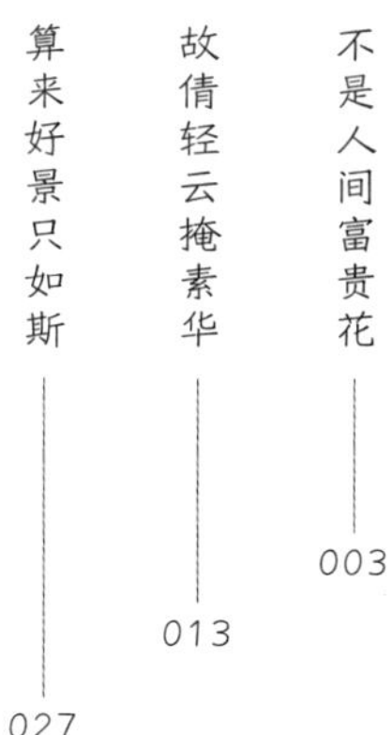

水云游：男儿出门志，不独为谋身

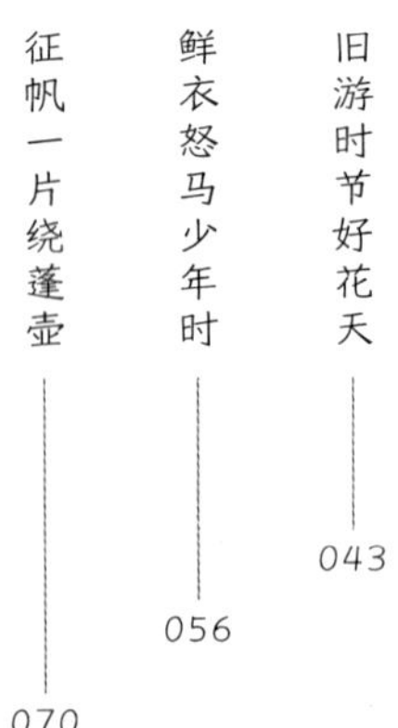

相见欢：

海内存知己，天涯若比邻

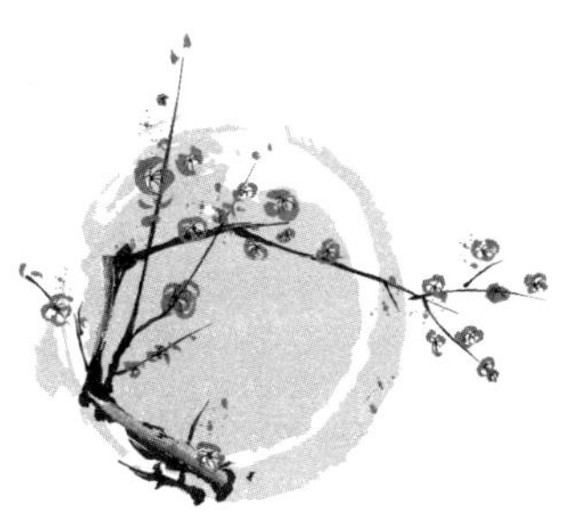

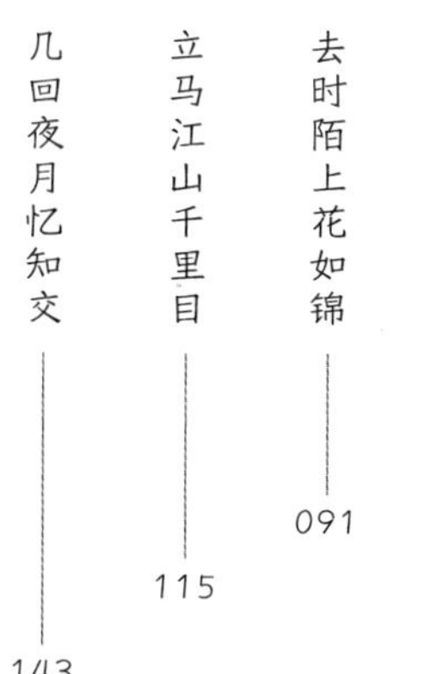

如梦令：昨夜鸳鸯梦，憔悴似余生

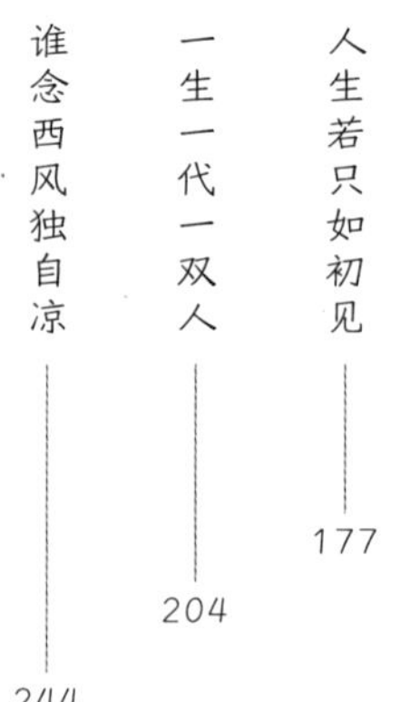

思无邪：何处春深好，春深稚子家

不是人间富贵花

徐志摩是个公子哥儿，用纳兰容若的那句词来说，是最恰当不过的：不是人间富贵花。

徐志摩虽出生于富庶人家，却不似纳兰容若那般，有着显赫的身世。追溯徐志摩的家世，可至明朝正德年间，其祖上有一人，名唤徐松亭，家居浙江海宁硖石古镇，在此经商。徐松亭是硖石徐氏分支的始祖。除此之外，便没有什么人事可考了。

若说徐志摩是含着金汤匙出生的，纳兰容若则是含着“明珠”出生的，因为民间有“千金易求，明珠难得”的说法。纳兰容若属叶赫那拉氏。叶赫那拉氏原是明末海西女真扈伦四部之一叶赫部的氏族，金朝时候已是贵族，随清入关后更被列为满族八大姓氏之一。

可以说，纳兰容若是有着贵族血统的。其祖上有一位统领，名唤叶赫那拉·金台吉，曾联合九部联军征讨建州女真，后于征战中败亡。后来，纳兰容若的祖父叶赫那拉·尼雅哈率领叶赫部投降清太祖爱新觉罗·努尔哈赤，被授予佐领官职。而叶赫那拉·金台吉的妹妹孟古哲哲，则在因缘际会之下嫁入皇族，成为努尔哈赤的妃子，不久后为努尔哈赤诞下第八子，即后来叱咤风云的清太宗爱新觉罗·皇太极。因了这一层关系，纳兰家族在朝廷上一直颇受重用。再后来，纳兰容若的父亲纳兰明珠迎娶了英亲王阿济格的女儿，因此论辈分的话，纳兰明珠是康熙皇帝爱新觉罗·玄烨的堂姑父，纳兰容若与爱新觉罗·玄烨则是表兄弟关系。

良好的家世为徐志摩和纳兰容若埋下了诗性的基因，但直接种下诗性种子的，应是各自的父亲。

细说起来，徐志摩的父亲徐申如在民国年间，亦算是个风云人物。徐申如为清末民初实业家，一八七二年生于浙江省海宁县硖石镇芙蓉溪北，名光溥，谱名义烒，字申如，号曾荫。曾在一八九七年与人合股创办硖石镇第一家钱庄，后来相继创立硖石电灯公司、捷利电话公司，兴建双山丝厂。

《民国人物传》这样评价徐申如：兴办实业，蜚声浙江。胡适亦说，申如先生为硖石最有势力之人，有“硖石皇帝”之称，其人魁梧强健，体格过人，气度也还可亲。梁实秋则在《谈徐志摩》一文中如此评价徐申如：是典型的一位旧式的商业中人，在营业上颇为成功。

单言徐申如在商业上的成绩并不公允。事实上，徐申如之人格魅力，亦是民国时期一朵灼目的焰火。一九〇八年，浙江修筑上海至杭州段的铁路，桐乡乡绅担心修路会征用大量田地，拆毁房屋和坟墓，致使本地风水受损，遂竭力反对铁路过境，时任浙路公司董事的徐申如，一面与浙路督办汤寿潜交涉，一面说服海宁士绅筹措资金，使铁路得以绕道桐乡从海宁过境，使海宁很早便通了火车，这也促进了海宁的经济发展。一九一九年，在其母亲八十寿辰时，徐申如与其兄徐蓉将席上所收礼金用于创办贫民习艺所，招收八十名失业贫民。一九三四年，海宁遭遇旱灾，常住上海的徐申如奔走呼告，为海宁募集赈灾之款。抗日战争时期，徐申如联络浙江多地富绅共同出资组织嘉兴抗日保乡商会民团，招募青年学徒，为其配置枪械，让其进行训练和巡逻，既安抚了本地民心，亦助推了当地民众抗日的士气。

徐申如为硖石镇留下了浓墨重彩的一笔，说是一个传奇亦不为过。而虎父无犬子的说法亦是可信的，谁也不曾想到，在徐申如之后，其子徐志摩竟成了中国文学史上不可不说的一位风流人物。而徐志摩从小养成的种种品格，想来受了父亲不少的影响。

纳兰容若的父亲更是了得。纳兰明珠，一六三五年生，字端范，满洲正黄旗人，康熙朝权臣，历任内务府总管、刑部尚书、兵部尚书、都察院左都御史、武英殿大学士、太子太傅等要职，对康熙皇帝议撤三藩、统一台湾等重大事件起到过积极作用。

身居要职，位及权臣，单此二项，纳兰明珠便教许多人黯然失色了。不过徐申如与纳兰明珠所行之途不同，一个是商人，一个是官宦，二人在属于自己的天地间发光发热，许多星辰的光芒也是不及他们的。

纳兰明珠于康熙初年便担任侍卫，之后便一直仕途亨通。值得一提的是，一六八二年，纳兰明珠陪同康熙皇帝到东北考察，精心准备之后，协助康熙调派黑龙江将军萨布素两次围攻雅克萨，迫使俄国同意和谈。一六八六年，俄国谈判使团抵达北京，与以纳兰明珠为首的代表团会谈，纳兰明珠当场呵斥俄国使团："我国向无侵犯尔国之处，尔国人却无故施放枪炮，杀我居雅克萨等地徒手虞人（即猎人），并屡次纳我逃人。”纳兰明珠的气场镇住了俄国使团，为日后签订《尼布楚条约》创造了有利条件。

纳兰明珠除了政治上成就卓著外，还以总纂官之职参与编修《清太祖实录》《清太宗实录》《三朝圣训》《政治典训》《平定三逆方略》《大清会典》《大清一统志》《明史》等重要皇家典籍，其中《大清会典》属清朝康熙以前各项政治制度的集大成之作，是研究清史的宝贵资料。而对纳兰容若影响最深的，应是藏书之事了。

纳兰明珠好藏书，在当时是出了名的，其家中藏书极丰，并为所藏之书建了多座藏书楼，其中较有名气的是穴砚斋和自怡园。穴，居所也；砚，笔墨之具也；所谓穴砚，大抵是以砚为家之意，而以笔为朋、以墨为友自不待言。以藏书为趣，与写出“疏影横斜水清浅，暗香浮动月黄昏”的林逋梅妻鹤子的意趣竟然颇为相似。纳兰明珠收藏有宋、元善本数十种，明刻本数百种，徐乾学的大半旧藏，亦被纳兰明珠收藏着。徐乾学亦是有名的收藏家，其名气更是胜过纳兰明珠，但纳兰明珠为何收有徐乾学的大半旧藏，无人知晓原因。或许，纳兰明珠与徐乾学私交不错，纳兰明珠之子纳兰容若曾拜徐乾学为师。尽管后来，纳兰明珠、徐乾学二人因为政见不合，成了政敌。

后来才知道，纳兰容若亦有藏书之癖。之所以用“癖”这个字，是因为纳兰容若藏书的爱好，较其父亲而言，实在过于浓烈。纳兰明珠只是喜欢，而纳兰容若对藏书已然可用爱形容了。

纳兰容若在诗词方面的造诣，怕是纳兰明珠也未曾想到，尤其是若干年以后，竟有那么多人，在纳兰容若的诗里词间，不断寻找那份真挚与美好。而徐志摩呢，因受父亲气节、品格的影响，也成了一位颇有风骨的公子，自小聪颖好学，为后来的“一举成名天下知”打下了基础。

身世虽然迥异，但冥冥之中似有一条线将他们二人牵扯到了一起。像极了纳兰容若写的那句词，无形中将他们联系到了一起：不是人间富贵花。

徐志摩不是人间富贵花倒是不难理解，为何纳兰容若也不是呢？

采桑子·塞上咏雪花

纳兰容若

非关癖爱轻模样，冷处偏佳。别有根芽，不是人间富贵花。

谢娘别后谁能惜，飘泊天涯。寒月悲笳，万里西风瀚海沙。

虽然出身显赫，但又如何？纳兰容若是鸿鹄，又岂愿做那笼中之鸟？富贵与名利，不过云烟也，倒不如舍下一切，做个“海阔凭鱼跃，天高任鸟飞”的逍遥人。哪怕做一片轻盈的雪花也是极好的。于是他才会说：别有根芽——他的根从来就不在荣华富贵里，亦不在赫赫家世里。我想，如果要为他寻根，就在诗词里寻吧。这么多年了，他亦在诗词之中漂泊，诗词与天涯，不过一纸之隔而已。而他心爱的人，永远在诗词里等他，爱他。

不是人间富贵花——所以在纳兰容若的心里，从来没有高低贵贱之分，朋友遍布天南海北。在纳兰容若看来，朋友就是朋友，唯一的区别就是，对方作不作诗。若能作诗，且品格不错，可以深交也。

徐志摩亦如此，虽非人间富贵花，却活得比富贵花还妖艳。徐志摩是一个放荡不羁的人，敢爱敢恨，做了许多常人不敢去做甚至不敢去想的事情，而他那公子哥儿的秉性，也让他有了一点李白的气息。但徐志摩就是徐志摩，李白就是李白，谁是谁的影子，谁有谁的气息，谁又说得明白呢？

纳兰容若是温润如玉的翩翩公子，徐志摩是如火如焰的翩翩公子，“公子世无双”这句话确是可信的，于他们二人而言，是很中肯的评价。

庐山小诗两首

徐志摩

（一） 朝雾里的小草花

这岂是偶然，小玲珑的野花！

你轻含着鲜露颗颗，

怦动的，像是慕光明的花蛾，

在黑暗里想念焰彩，晴霞；

我此时在这蔓草丛中过路，

无端的内感、惘怅与惊讶，

在这迷雾里，在这岩壁下，

思忖着，泪怦怦的，人生与鲜露？

（二） 山中大雾看景

这一瞬息的晨雾——

是山雾，

是台幕？

这一转瞬的沉闷，

是云蒸，

是人生？

那分明是山，水，田，庐；

又分明是悲，欢，喜，怒；

啊，这眼前刹那间的开朗——

我仿佛感悟了造化的无常！

我从这两首诗里，看到了一个生动的徐志摩。那山中，那雾里，那噙着露珠的小野花，恰是徐志摩吧。不是人间富贵花——都说造化无常，正是因了这份无常，才衍生出了无数可能——这种可能，让世界充满了生机。

也正是这份无常，让徐志摩和纳兰容若有了同常人不一样的东西。一个不愿随父经商，一个无意征战仕途，他们无一例外而又十分默契地选择了一颗诗心——用诗来改变世界。世界有时很大有时很小，正如歌曲《传奇》唱的那样："只是因为在人群中多看了你一眼，再也没能忘掉你容颜……"直到遇见那个人，世界就不再大了，就变成只有两个人的世界了。

在徐志摩的世界里，只有他的眉——陆小曼："我想去买一只玲珑坚实的小箱，存你我这几月来交换的信件，算是我们定情的一个纪念，你意思怎样？"

在纳兰容若的世界里，亦只有他逝去的妻子——卢氏："谁翻乐府凄凉曲？风也萧萧，雨也萧萧，瘦尽灯花又一宵。不知何事萦怀抱？醒也无聊，醉也无聊，梦也何曾到谢桥。"

不是人间富贵花——这两朵花，盛放在岁月山河里，在诗里痴，在情里醉。我亦沿着平仄的曲径，去寻他们，做那只栖在他们肩头的蝴蝶。偶尔飞过人间，替他们寻找春天。

故倩轻云掩素华

竟分外喜爱起“素华”这个词来，这个凉意如许的词语，旁逸斜出于落花流水之间，既教人怜惜，亦使人心疼。置身漫漫红尘之中，光阴催人老，那年那月那一天，谁还能记忆如初？

轻云掩着素华，漫漫时光谁忆？恍惚间顿生 念：能否循着诗句，在徐志摩的童年世界里摘下一粒星辰，在纳兰容若的童年往事中拾取一段流光？

一八九七年，同其父徐申如一样，徐志摩亦出生于硖石镇，并按族谱规矩，取名为徐章垿。徐志摩一出生，便深受其祖母宠爱，而家境殷实，亦为徐志摩的成长引来了浩荡春风。

徐志摩与祖母的笃笃深情自不待言，虽不能寻得其与祖母的点点滴滴，但从徐志摩后来撰写的回忆文章中，我们还是可以管窥一些蛛丝马迹：“我的祖母，在那旧式的环境里，到我们家来五十九年，真像是做了长期的苦工，她何尝有一日的安闲，不必说子女的嫁娶，就是一家的柴米油盐，扫地抹桌，哪一件事不在八十岁老人早晚的心上！”勤劳朴实的祖母给了徐志摩无微不至的爱，这大抵也对徐志摩养成温柔诚挚的性情产生了极深的影响吧。

在二百多年前的一六五五年，纳兰容若出生了。

纳兰容若，满洲正黄旗人，原名成德，避讳太子保成之名改名为性德，一年后太子更名胤礽，于是纳兰又恢复本名纳兰成德。

由于年代久远，纳兰容若的成长旧事多不可知，但想必是不如徐志摩的。

身怀一颗诗心的纳兰容若，与家族期望显得那么格格不入，在其父纳兰明珠看来，诗词歌赋怡情养性尚可，但若专攻于此，便有些不务正业了。纳兰容若的母亲乃皇亲，性情暴躁，迫切希望纳兰容若能够出人头地，自是不愿纳兰容若沉迷于诸如诗词之类的小道的。在这样的情形下，处于夹缝间的纳兰容若理应痛苦才是，实则不然，纳兰容若虽钟情于诗词，但骨子里的那股英气并未被磨灭，因此亦爱骑射之术。据说小时候的纳兰容若亦有过策马疆场、建立功勋的想法，且身手不凡，在同龄人中属于佼佼者。

也不知抓周的习俗始于何时，宋代孟元老《东京梦华录》中记载道："民间生子后，至来岁生日，罗列盘盏于地，盛大果木、饮食、官诰、笔砚、算秤等经卷针线应用之物，观其所先拈者，以为征兆，谓之'试晬'，此小儿之盛礼也。"由此可见，在前人看来，抓周一事干系重大，可以预见一个人的人生走向，因此十分重视。

徐志摩满周岁时，按例是要抓周的。这一天，其父徐申如请来了许多近邻远亲，为徐志摩举行抓周仪式。其中有一位名叫志恢的和尚，自言可以预测未来，欲为徐志摩摸骨算命。有人对此嗤之以鼻，而徐申如则接受了志恢和尚的好意，敬了茶水之后，恭请志恢和尚为儿子算命。志恢和尚摸骨之后，便惊异地对徐申如说："此子系麒麟再生，将来必成大器。"徐申如听了又惊又喜，连连道谢，想来志恢和尚的话虽未必真，却迎合了徐申如的心意，试问谁不希望自己的孩子长大后能够成龙成凤呢。也许志恢和尚只是一时言语，徐申如却记了一辈子，以至于多年以后，当徐志摩即将赴美留学时，徐申如取“志恢和尚的抚摩”之意，给儿子改名为徐志摩。自此，徐志摩不再是徐章垿，而成了真正意义上的徐志摩。

也许志恢和尚也想不到，徐志摩在若干年后，成了蜚声文坛的一代诗人。

也许抓周之后，志恢和尚便忘了这个孩子，甚至日后听见“徐志摩”这个名字时，丝毫想不起来自己曾为这个孩子算过命。但又何妨呢，也许这就是冥冥中注定的事情，岁月铭刻下了“徐志摩”这个名字，一代又一代的人记住了“徐志摩”这个名字。徐志摩是月光吗？还是月光中那一朵低头时温柔绽放的花朵？无数人在徐志摩的诗里、痴情里醉，又有多少人在徐志摩的只言片语里，寻到了爱情，拾回了爱情？

相较于徐志摩，纳兰容若的抓周倒显得平凡了许多，若非要说出一个与众不同的地方，大概就是他一下子抓住了两样东西吧。

纳兰明珠为纳兰容若举行抓周仪式时，怎么都没想到，自己的儿子会选择金钗和毛笔，这里面没有一样是他所期盼的。但他也深知，选择了就是选择了，机会只有一次，再选一次也改变不了什么。于是纳兰明珠希望通过后天影响，让纳兰容若逐渐改变生命轨迹。

一手金钗，一手毛笔。金钗者，情也；毛笔者，才也。一钗一笔，预示着纳兰容若这一生，终将为情所困，以诗为伴。

古往今来，芸芸众生，为情所困者不知凡几。唐明皇与杨贵妃的“天长地久有时尽，此恨绵绵无绝期”，陆放翁与唐婉的“伤心桥下春波绿，曾是惊鸿照影来”……笔者是有些心疼纳兰容若的。纳兰容若曾说：“人到情多情转薄，而今真个悔多情。”悔多情——爱得愈深，伤就愈痛，当初倒不如不爱了。可是，说是这样说，也许梦回从前，哪怕已知结局如此，也会再次选择奋不顾身地爱上一场。

在爱情上，纳兰容若是内敛、含蓄的，与徐志摩的热情、奔放形成了鲜明对比。大江浩荡，湖泊恬静，在爱情的天地间，各有各的爱法，只要用心去爱了，认真去爱了，一切便都值得了。

爱情是美好的，但对于年幼的徐志摩而言，童年的日子才是伸手可触的美好。

徐志摩四岁入家塾读书。他很聪颖，悟性极好，教书先生称赞其“初学聪明超侪辈”，然徐志摩出生于富庶人家，多少沾染了些公子哥儿的习气，因此不太愿意受到家塾的拘束，但其好学、好问，颇讨先生欢喜。公子哥儿的习气，听着有些贬义，实则不然，也许正是因了这一习气，才最终成就了风流倜傥、放荡不羁的徐志摩。正如李白那狷狂的习气，“天子呼来不上船，自称臣是酒中仙”，若是缺少了那一丝狷狂的习气，怕是李白也写不出《将进酒》《梦游天姥吟留别》这样的千古名篇吧。

徐志摩六岁时，师从查氏，习读“四书五经”。这时的徐志摩恰是活泼好动的年纪，既好思，亦好玩，却对读书不感兴趣。他时常去野外探险，认真观察大自然，热爱生活是发自内心的，也因此在后来他会说出“生活应该是艺术的”这样的话语来。

一九〇八年，徐志摩十二岁，进硖石开智学堂，师从张树森。这期间徐志摩成绩优异，总是全班第一。这段时间的学习，为徐志摩打下了深厚的古文功底。期间写下的文章，颇受张树森赞誉。

直至徐志摩年满十四岁，方才离开家乡赴杭州学习。在此之前，徐志摩一直在硖石生活。

硖石镇内有东、西两山，取“两山夹一水”之意，故名峡石，唐朝时候更名为硖石，一直沿用至今。

硖石自古学风兴盛，名人辈出，唐代诗人白居易曾到访此地，并写下了“菱歌清唱棹舟回，树里南湖似鉴开”的诗句。来人亦可从明初诗人高启的诗中，一睹硖石古镇昔日的繁华与风采：“硖石颇奇怪，长河出连山。绝壁两岸开，行舟过其间。高处谁解登，阴藤袅难攀。旁垂雨痕古，仰露天光悭。不知真宰意，随地高险艰。一夫据蜀阁，二世凭秦关。赖此非要区，争夺得少间。徘徊停望久，日暮云飞还。”

更值得大书一笔的，是明代女诗人朱妙端。

朱妙端，字仲娴，又字令文，号静庵，海宁人。朱妙端出身书香门第，自小博览群书，聪慧过人。尤善吟咏，在当时甚有诗名。朱妙端与同为海宁人的宋代诗人朱淑真，同被列为中国才女。《玉镜阳秋》评论说：“上方古人，可接李清照、郑允端之武，下视近代，颇出陆卿子、徐媛之右。”

而其诗《归泊硖川》，则让人们在深致婉约的平仄之间，寻到了一抹久违的乡愁：“异乡久为客，风雨阻归程。两岸数峰碧，孤舟一叶轻。篷窗残烛在，烟树早鸦鸣。坐待东方曙，依稀见海城。独坐篷窗下，挑灯话别离。乍沽平望酒，细咏硖川诗。远树钟声动，孤舟月上迟。含情缄尺素，慰我北堂思。”

沐浴在硖石古镇的诗情画意里，硖石早为徐志摩种下了一颗诗心。我竟有些嫉妒起徐志摩来，古人所谓的天时地利人和，幼时的他竟占了两样，天时不是不来，而是时候未到。许多年后，诗心萌芽，徐志摩不只迎来了属于自己的春天，亦为整个诗坛带来了一片春天。

徐志摩大抵是爱着这座生他养他的古镇的。在他的诗文里，留下了不少硖石方言的痕迹，最典型的就是《东山小曲》。在这首诗歌里，我们不仅能够读出那一抹浓得化不开的乡情，更能透过他的那颗童心，一窥他的童年。

东山小曲

徐志摩

一

早上——太阳在山坡上笑，

太阳在山坡上叫——

看羊的，你来吧，

这里有粉嫩的草，鲜甜的料，

好把你的老山羊，小山羊，喂个滚饱；

小孩们你们也来吧，

这里有大树，有石洞，有蚱蜢，有小鸟，

快来捉一会盲藏，豁一阵虎跳。

二

中上——太阳在山腰里笑，
太阳在山坳里叫——
游山的你们来吧，
这里来望望天，望望田，消消遣，
忘记你的心事，丢掉你的烦恼；
叫花子们你们也来吧，
这里来偎火热的太阳，胜如一件棉袄，
还有香客的布施，岂不是好。

三

晚上——太阳已经躲好，
太阳已经去了——
野鬼们你们来吧，
黑巍巍的星光，照着冷清清的庙，
树林里有只猫头鹰，半天里有只九头鸟；
来吧，来吧，一齐来吧，
撞开你的顶头板，唱起你的追魂调，
那边来了个和尚，快去耍他一个灵魂出窍！

如若可以，我便做这春天里的一只蝴蝶吧，循着徐志摩的诗句，去寻那个天真烂漫的徐志摩。也许那时候，徐志摩去野外探险时追逐的那只蝴蝶，是我也不一定呵。

对纳兰容若的童年亦是好奇的，但我遍寻资料，所得无几。此虽一憾，但仔细想来，应是不错的。

其父纳兰明珠虽一度权倾朝野，但为人还算开明，且浸染汉文化多时，深知汉文化之重要性，因此纳兰明珠希望自己的儿子，能着文士的长衫，能有诗人的谈吐，贵族的傲慢不能少，也一定要有武士的体格和豺狼的意志。

纳兰容若自出生以来，较常人而言有些孱弱，因此早在四五岁的年纪，便开始了骑射训练。骑者，骑术也；射者，箭术也。骑射之术不仅是旗人的传统，汉人也有此传统，只是称谓不同，汉人不叫骑射，而曰弓马。

一六六二年，为试探后辈们的骑射功夫，纳兰明珠邀请众多王公贵族的小公子、小贝勒到明府花园来。纳兰明珠明白，得江山易，守江山难，如今大清王朝虽无大型战事，但亦要有居安思危的意识，他希望后辈们能够文兴社稷、武定河山，以硬本领、真本事成长为国家的栋梁之材。在此一干后辈中，纳兰容若一鸣惊人，一箭射中靶心，在场的人无不震惊。这一年，纳兰容若才七岁。

纳兰容若旧事多不可知，有一件佚事却颇为有趣。

有一天，明府举行家祭，分食祭肉，年幼的纳兰容若刚将祭肉含进嘴里咀嚼几下便觉恶心，一下子吐了出来。孱弱的纳兰容若自小养尊处优，哪里受得了这样只是在白水里煮过的、未加任何佐料的、肉质粗糙的食物。不巧的是这一幕被纳兰明珠看到了，纳兰明珠当下一声呵斥，吓得纳兰容若一下子大哭起来。纳兰容若随即捡起那块祭肉，抽噎着把它吃了。纳兰容若不敢咀嚼，飞快地一口吞了下去。祭礼结束后，纳兰明珠恢复了往日的温和，摸着纳兰容若的头，并把家中后辈召集到一起，讲起了祭肉的来历。纳兰明珠希望大家能够忆苦思甜，并以此来提醒八旗子弟，如今的富贵与荣华，都是先人一点点打拼下来的，非常不易，大家既要珍惜亦要感恩，更要努力，长大后要报效国家。

这样的祭礼，不仅八旗人家都须进行，皇帝亦要亲自举行祭祀大典。但可叹的是，随着国家日益稳定，安乐的生活让很多后辈再也无法忍受这样的食物。据时人笔记记载，那时候的八旗子弟们，大多摆出一副吞咽祭肉的样子，实则将祭肉悄悄藏于袖筒。有些子弟托着油纸承接祭肉，看似格外恭敬，也将祭肉吃了，实则油纸早已动过手脚，因浸过调料，故而可化解祭肉油腻，并使祭肉可口。

纳兰容若以为此乃旗人传统，他的儒学老师告诉他，汉人也有此传统，并专门翻阅《史记》，念给他听。《史记·礼书》记载："大飨上玄尊，俎上腥鱼，先大羹，贵食饮之本也。大飨上玄尊而用薄酒，食先黍稷而饭稻粱，祭哜先大羹而饱庶羞，贵本而亲用也。"纳兰容若的儒学老师念完，隐隐有泪水溢出，并说汉人也是以此提醒子孙后代居安思危、饮水思源，只不过这些古老而珍贵的礼仪，渐渐消失不见了。

历史总是惊人地相似，也许纳兰容若的今生，只是他无数个今生的一个轮回。

纳兰容若有一个小名——冬郎，他的父母自是这样唤他。说起这个名字的由来，倒是有些随意，因为纳兰容若是腊月出生的，恰是寒冬凛冽时节，便被唤作冬郎。二十年后的某一天，顾贞观半开玩笑地说纳兰容若诗词写得那么好，早就被唐代诗人李商隐预言了。

李商隐在《韩冬郎即席为诗相送，一座尽惊，他日余方追吟"连宵侍坐裴回久"之句，有老成之风，因成二绝寄酬，兼呈畏之员外》中的第一首绝句中写道："十岁裁诗走马成，冷灰残烛动离情。桐花万里丹山路，雏凤清于老凤声。"这里的冬郎即是韩偓。

韩偓，晚唐五代诗人，乳名冬郎，字致光，号致尧，晚年又号玉山樵人。陕西万年县人。自幼聪明好学，十岁时，曾即席赋诗送其姨父李商隐，令满座皆惊。巧合的不仅仅是名字，现在能够找到的最早的纳兰容若的诗作，是纳兰容若十岁时所作的一首绝句。

那天正是正月十五元宵节，原本月光盈盈的夜晚却意外地发生了月食，十岁的纳兰容若聪颖过人，当即摆上纸砚，娇嫩的小手握住笔管，濡墨，挥毫，旋即记下了当晚所见的情境：

夹道香尘拥狭斜，金波无影暗千家。

姮娥应是羞分镜，故倩轻云掩素华。

素华——既是如水的月光，亦是无邪的时光。轻云掩素华，流光催人老，十岁的纳兰容若尚不知人一长大就会生出许多烦恼，也不知道光阴如此珍贵，尤其于他三十一年的人生而言，更是珍贵。

十岁的纳兰容若只是一个孩子，“金波无影暗千家”，而小小的明府于他而言太过狭小，他希望能够走到更加广阔无垠的天地间去，看尽千家万户，踏过重山复水……哪怕做一片冷处偏佳的雪花也极好。

一六六七年六月，清廷首辅索尼病故。同年七月初七，康熙皇帝爱新觉罗·玄烨正式亲政，在太和殿受贺，大赦天下。也正是这一年，纳兰容若就学于董讷，学业大进。这一年，康熙帝十四岁，纳兰容若十三岁。

童年恍然如梦，回首似有若无。那些故事，早已不可辨析，倒是那些诗意，几十年过去了，几百年过去了，依旧月光般涌动着。

当年幼的徐志摩遇见年幼的纳兰容若，他们会生出怎样的故事？可以确信的是，循着诗句的曲径，终有一处能一晤，那个自由自在无拘束的志摩，那个亦弓亦马亦诗书的冬郎，你们准备好为彼此浮一大白了吗？

算来好景只如斯

想起一个词牌名来——《少年游》，柳永的，晏几道的，周邦彦的，欧阳修的。但最爱的，还是柳永的。

少年游

柳永

长安古道马迟迟，高柳乱蝉嘶。

夕阳岛外，秋风原上，目断四天垂。

归云一去无踪迹，何处是前期？

狎兴生疏，酒徒萧索，不似少年时。

不似少年时，又似少年时，似与不似间，流光容易把人抛。“少年游”，一个薄凉的名字，少年有光阴的味道，而一个“游”字，不知涵括了多少漫漫风尘。

纳兰容若亦写过一阕《少年游》。当然，纳兰容若写的时候，已不再是少年。

少年游

纳兰容若

算来好景只如斯，唯许有情知。

寻常风月，等闲谈笑，称意即相宜。

十年青鸟音尘断，往事不胜思。

一钩残照，半帘飞絮，总是恼人时。

正如纳兰容若所言，“总是恼人”，倒不如暂且忘记后来的事，单回味少年时的寻常风月，既称意亦相宜，恰也适宜不过。好景如斯——好景真可如斯吗？古人尝言“树犹如此，人何以堪”，唯有午夜梦回时，方能见当时物与那时人吧。那时候，风华正茂，意气风发，踌躇满志的少年呵，行走在青春的冰河上。

毛泽东曾在《沁园春》中写道：“恰同学少年，风华正茂；书生意气，挥斥方遒。”一九〇九年冬天，徐志摩自开智学堂毕业。这一年，徐志摩十三岁，成绩优异，春风得意。

意气风发的少年徐志摩，迫不及待地想要飞出牢笼般的硖石。硖石是个山清水秀、人杰地灵之地，但对于甫一出生便生长在这里的徐志摩来说，早已乏倦无比。于是，次年春天，徐志摩收拾行囊，告别家人，来到杭州。后经表叔沈钧儒介绍，徐志摩考入杭州府中学堂（一九一三年改称浙江一中，现为浙江省杭州高级中学），与郁达夫同窗。

徐志摩曾这样说道：“在二十四岁以前，诗，不论新旧，于我是完全没有相干。”因此很多人以为，少年时候的徐志摩，对文学无甚兴趣，实则不然。据徐志摩留下来的《府中日记》，我们可以窥见一些蛛丝马迹。

这一时期的徐志摩开始广泛阅读各类读物。一九一一年，在正月二十二日那天，徐志摩不仅购买了《新三国》《新西游记》等图书，并专门撰写了读后感。两天后，徐志摩在日记中写道：“晚膳后，阅小说数页……；三月初五，徐志摩阅读小说《三名刺》一册；四月初一，徐志摩阅读《鲁滨孙漂流记》数页；四月初七，徐志摩从三年级学生江世澄处借来两本《小说月报》，读了《香囊记》《汽车盗》等小说多篇……”后来，郁达夫回忆徐志摩时，说了这样一段话：“（志摩）那样的爱着小说——他平时拿在手里的总是一卷有光纸上印着石印细字的小本子。”

在阅读了大量小说后，单一的文学体裁作品已不能满足徐志摩的“胃口”，也恰是这一时期，徐志摩在诗歌创作方面的兴趣渐次萌生。徐志摩在日记中，清晰地记录了他在一九一一年四月二十三日以来抄录的各类诗词，其间夹杂着他的部分学作。其作品《感时》，也正是这一时期所作：

进进进，家破国亡不堪问，生斯世兮男儿幸，手执大刀兮誓将敌杀尽，尽尽尽，也难消扬州十日、嘉定屠城恨，进进进。

追追追，血溅战衣金刀挥，头可断兮决不归，誓将江山一鼓夺回，追追追。

死死死，不死疆场男儿耻，抛却美妻及爱子，披衣上马去如矢，不得自由毋宁死，死死死。

这是一首颇为特别的诗歌作品，文白夹杂，气势不俗。而其最显著的地方，在于对叠词的运用，不禁让人想起陆游和唐婉的《钗头凤》。《钗头凤》的深婉哀戚，与《感时》的雄壮豪迈各领风骚，气象、格局虽然迥异，但心之所出，殊途同归。

《感时》这首诗歌，既是徐志摩对诗歌创作的尝试，亦是那个年代的产物。在那个年代，新旧交替，是选择守旧，还是顺应时代潮流进行创新，这是一个问题。徐志摩选择了后者，他以通俗明白的语言，不仅挣脱了旧体诗格律的束缚，并在句式上进行了突破。尽管，《感时》这一首作品既不能被称为文言诗，也不能被叫作白话诗。有些人对这首诗歌的评价颇为中肯：是古韵传神，是新诗发轫，是旧时代转变为新时代在文学上的反映和见证。

一九二二年，徐志摩自英国归来后，整理了他的第一本诗集，但诗集中并未选入他在中学时代创作的作品，而他也曾表示自己此前未写过什么作品，大抵因其打小阅读古文古诗，后来出国留学接受了新思想，故而创新意识极强，认为当时所作诗歌不旧不新，不值一提。其实，诗歌有其发展过程，自旧至新亦需一个过渡阶段。殊不知徐志摩当年的尝试，为其日后的创作奠定了坚实基础。

值得一提的是，一九一一年，即清朝宣统三年。这一年，中国发生了辛亥革命，统治中国两千多年的封建君主专制制度被推翻，中国建立了亚洲第一个民主共和国——中华民国。这一年，徐志摩十五岁。

一六六三年，纳兰明珠升任内务府总管，“掌内务政令，供御诸职，靡所不综”。彼时，聪颖好学的纳兰容若已阅读了大量典籍，腹有诗书自是不在话下。除了之前提及的那首绝句，据传，纳兰容若在十岁时，还填了一阕小令。

梅梢雪·元夜月蚀

纳兰容若

星球映彻，一痕微褪梅梢雪。
紫姑待话经年别，窃药心灰，慵把菱花揭。

踏歌才起清钲歇，扇纨仍似秋期洁。
天公毕竟风流绝，教看蛾眉，特放些时缺。

星球，烟火也。高士奇《金鳌退食笔记》记载：“癸亥元夜，于五龙亭前施放烟火……坐观星球万道，火树千重。”《梅梢雪》亦作《一斛珠》，纳兰容若取该词第二句末三字为调名，词作借助与月亮相关的神话、传说，再以踏歌、清钲、扇纨等风物渲染，描绘出月食渐出的景象，而其中的“窃药心灰，慵把菱花揭”及“教看蛾眉，特放些时缺”，蕴藉深婉，极富情味。

康熙三年，陈维崧作《宝鼎现·甲辰元夕后一日次康伯可韵》，题注云：“是岁元夜月食。”后来黄天骥在评注纳兰容若时，又说：“纳兰性德一生，逢元夜月食唯此一次，故其《一斛珠·元夜月蚀》词必作于康熙三年。”故多年以来，很多人以为这阕《梅梢雪》系纳兰容若早年之作。但若深究，则发现“该词为纳兰容若十岁时所作”这一说法并不严谨。赵秀亭曾做过考证，并笔录于《纳兰丛话》之中：“月食原有规律，前次月食后，隔十八年又九日或十日必重为月食。若十八年间五值闰，则加十日；四值闰，则加九日。此即所谓‘沙罗周’。康熙三年元夜为公历一六六四年二月十一日，而后十八年间五值闰，则当于公历一六八二年二月十一日再加十日之时重遇月食，时为一六八二年二月二十一日，对应阴历恰为康熙二十一年正月十五日。此次元夜月食方为性德作词之时，性德时年二十八岁。性德一生，逢元夜月食共二次，非次。”赵秀亭的说法，似更合理一些，且该词遣词造句十分成熟，情调风味亦非一名十岁孩童所能写得出的，故猜测应是其成年后的作品。

纳兰容若自幼天资英绝，遍览群书，兼习骑射，自是英气不凡。一六六六年，纳兰明珠由侍读学士升任内弘文院学士，顾贞观由顺天南元掌国史馆典籍。这一年，纳兰明珠三十一岁，顾贞观三十岁，纳兰容若十二岁。次年，《清纳兰容若先生性德年谱》载："（纳兰容若）读书一再过，即不忘，是年已通六艺。"也正是这一年，纳兰容若就学于董讷。

董讷，一六三九年生，字兹重，号默庵，山东平原人氏，系康熙六年一甲三名进士，授编修，累擢至江南江西总督。史载董讷"为政持大体，有惠于民"，《清诗别裁集》载："康熙二十五年，河臣靳议兴屯，误用屯田丞于宣、骆龙友二人，先屯涸田，次及水田，次及草地，渐及坟墓皆屯矣。无藉之辈，所领牛种为赌博资。新屯日增，民地日削，佃逃田荒，无从诉理。公总督江南，奏请罢之。罪于、骆丞，尽还民田，一时欢呼载道。"董讷为官清明，深受当地百姓景仰，后因故降官，江南百姓感念其恩其德，为其立了生祠。董讷死后，朝廷赐祭葬，追加为正一品，康熙御赐"眷念旧劳"四字。

董讷能诗，著有《柳材集》。其《兴化道中》云："漭沆连沧海，风吹一叶轻。村从波际出，草逼浪痕生。地阔无山影，天空有雁鸣。最怜釜底处，何日奏平成？"颇见其关心百姓民生的心志。其中“最怜釜底处”与“天空有雁鸣”形成鲜明对比，而董讷亦发出这样一声轻问——何日奏平成——什么时候，老百姓才不会受苦受难？

关于纳兰容若就学于董讷这事，还得从纳兰明珠说起。纳兰明珠升任内弘文院学士后，深知文事教育的重要性。得益于“内弘文院学士”这一职位，纳兰明珠结交了许多文人。这群文人之中，便有董讷。纳兰明珠认为董讷博学多识，为人高风亮节，便于升任内弘文院学士的第二年，请董讷做府上的西席（即西宾也，古时府邸主位在东，宾位在西，为家塾教师或幕友的代称），教授纳兰容若学业。

就在纳兰容若跟随董讷学习的这一年，董讷高中进士，故而春风得意，对纳兰容若的学业亦是分外上心。由是，自这一年起，纳兰容若学业大进。

也正是这一年，又有一个人走进了纳兰容若的生命之中。

这时的大清词坛，可谓鱼龙混杂，然名家众出之气象，也让词在大清有了复兴之势。这时的朱彝尊已三十八岁，却仍是一介落魄的江南文人，郁郁不得志的他一边谋生一边填词，于这一年编成了自己的第一部词集——《静志居琴趣》。

朱彝尊，一六二九年生，字锡鬯，号竹垞，又号醧舫，晚号小长芦钓鱼师，别号金风亭长，浙江秀水（今浙江省嘉兴市）人氏，为清朝著名词人、学者、藏书家。一六七九年，朱彝尊举博学鸿词，以布衣身份授翰林院检讨，参与修撰《明史》。康熙帝南巡时，朱彝尊多次被皇帝召见，并进献自己所著图书，康熙帝阅后龙颜大悦，于是亲赐一块匾额于他，匾上四字为“研经博物”，可谓对其赞许有加。

朱彝尊是清代词坛领袖，一生著述颇丰，其词风格清丽，在清词中影响甚大。值得一提的是，朱彝尊第一部词集《静志居琴趣》中的“静志”二字，乃取自其所爱之人的名字。在这部词集里，朱彝尊将自己对所爱之人的情感表现得纯净而自然、细腻而深沉，或许正是因了这一点，纳兰容若才会分外喜爱这部词集，并随时捧在手里，时时品咂。纳兰容若喜爱这部词集到了何等程度呢？据传，十八岁的纳兰容若即将走上科举的考场，但他一点紧张的情绪都没有，甚至有些从容不迫，被翻阅得破损、陈旧的《静志居琴趣》就是他的定心丸，让他在风华正茂的年纪享受着最后的学生时光。

纳兰容若与朱彝尊相从甚密，这是后来的事了。此时的纳兰容若，是一株亟待灌溉的花草，而《静志居琴趣》无疑以“润物细无声”的春雨之姿“随风潜入夜”，润泽了一个少年的心灵世界。

在与董讷学习的这些年里，纳兰容若文武兼修，十四岁时，其父纳兰明珠升任刑部尚书。次年，辅政大臣鳌拜被削职，纳兰明珠任督察院左督御史。这时的纳兰容若将所有心思都放在学业上，尽管骑射超群，被同龄人视为翘楚，但纳兰容若完全浸淫于“四书五经”之中，不能自拔。也正因如此，纳兰容若才在两年之后得以进入太学学习。

由于年代久远，关于纳兰容若的记述，大多一笔概之，故而纳兰容若在学业上的事迹几不可知，其间发生之事亦不可考。倒是徐志摩在府中学堂的种种逸趣，因其日记及相关史料，显得活色生香许多。

其时，徐志摩是何模样，可从郁达夫所撰文章窥视一二：“他们俩，无论在课堂上或宿舍里，总是交头接耳地密谈着，高笑着，跳来跳去，和这个那个闹闹，结果却终于会出其不意地做出一件很轻快很可笑很奇特的事情来吸引大家的注意的。而尤其使我惊异的，是那个头大尾巴小，戴着金边近视眼镜的顽皮小孩儿，平时那样的不用功，那样的爱看小说……”徐志摩那顽皮的少年形象呼之欲出。文中所言的不用功，只是表象而已，徐志摩暗自研学，亦不会告知他人。

由于爱读小说，在一九一三年府中学堂创办的校刊《友声》第一期上，徐志摩发表了《论小说与社会之关系》，专门论述自己对于小说的思考和见解。此外，徐志摩亦对自然科学感兴趣，故而在《友声》第二期上，发表了一篇题为《镭锭与地球之历史》的文章。此时的徐志摩，虽对文学感兴趣，但几无建树，究其原因，大抵是其当时对文学以外的领域更感兴趣。徐志摩后来在《猛虎集》的序文中写道："在二十四岁以前，我对于诗的兴味，远不如我对于相对论或民约论的兴味。"那是一个渴求知识的年纪，对自然，对社会，对哲学，对现实，都有着浓厚的兴趣。于是这个班级中的优等生，成了老师偏爱、同学艳羡的特立独行的少年。在一片片赞誉声中，徐志摩的中学生涯于一九一五年夏天落下了帷幕。

同样风华正茂的少年纳兰容若，又在做什么呢？当时，纳兰容若是不是也像徐志摩一样，被文学滋养，被星空的奥秘吸引？是不是也像徐志摩一样，特立独行于同龄人中，绽放着属于自己的不一样的烟火？

二人的少年时光，恰如纳兰容若写的那样，"算来好景只如斯，唯许有情知"。

算来好景只如斯——好的光景从来都只是一瞬，过去了便真的过去了，寻不回来，只能回忆。但那时情、那时意、那时事、那时人，都铭刻在记忆里，当有一天他们二人俱已老了，突然回想起来，会不会潸然泪下，尔后发出一声慨叹：终不似，少年游。

终不似，少年游——但幸运的是，其时，徐志摩与纳兰容若，青春好，恰少年！

水云游：男儿出门志，不独为谋身

旧游时节好花天

旧游有三层意思，一是昔日的游览，唐代白居易《忆旧游》诗云："忆旧游，旧游安在哉？旧游之人半白首，旧游之地多苍苔。"二是昔日游览的地方，元代张弘范《临江仙·忆旧》词云："回首旧游浑不见，苍烟一片荒山。"三是昔日交游的友人，清代陈维崧《双头莲·留别集生》词云："重来客舍，但数此地旧游都谢。"

一九一五年，徐志摩自府中学堂毕业后，顺利考入北京大学预科，故此，徐志摩告别师友后，带着欢欣之情北上。这一年，徐志摩十九岁。

久居家乡的徐志摩初至北京时，内心异常兴奋，大有一种鱼跃龙门之感。是呵，在小地方住久了，难免会有束手束脚之感。突至一个大城市，于一个抱有鸿鹄之志的人来说，无疑是一个机遇。从徐志摩写给其伯父的信笺中，我们可以感知一名意气少年的跃跃欲试："二十一日自上海动身当晚抵宁，渡江上津浦车。二十二日午刻过泰山，只见其背峰在云间耳。三时到济南，车站宏伟壮丽，盖德人所经营也。十时半抵天津车站，津浦路止此，当晚住中国旅馆。自河北以北，气温骤降，凉风甚厉。二十三日乘八点十分早车晋京。十一时抵前门，即正阳门车站。搜检颇不认真，站上有百里叔当差照应。现住金台旅馆，明日迁至蒋宅。"这段文字颇为有趣，不仅详细记述了巍峨的泰山、壮观的济南车站、寒冷的河北，连搜检一事竟也记述下来，称"搜检颇不认真"，若非心境欣喜，不会如此。此时，徐志摩父亲初至北京，水土不服，但兴致极好。信笺中还有一段文字可以佐证："父亲在沪累受感冒，腹泻胃减，中途颇不舒服，现已稍好，拟请峰之开方服药调养也……此间空气甚燥，侄体热，不免唇焦等现象，住惯当亦无妨。”因徐申如担心儿子水土不服，故送徐志摩赴京。见自己儿子这般高兴，徐申如亦觉欣慰。

在北京大学上学的时间里，徐志摩对文艺颇感兴趣，而他对戏剧的认识及见解，亦有独到之处。其好友毛子水在《北大求学时代的志摩》中回忆道：“那时他对于文艺，似乎是很有兴趣的。我记得当时有所谓菊选（即菊坛评选，菊坛指戏曲界），大家都纷纷拥戴梅艳芳，果然梅艳芳被选为剧界大王。志摩却说，平心而论，当然是杨小楼最好——我头一次去看杨小楼的戏，还是跟他去的——不知志摩的思想后来改变了没有。而我对于中国戏的观念，一直到现在，还受了他那时一句话的影响：我以为如果我们中国的旧戏，有些可看的地方，还是杨小楼好看些。他进预科的第一年，本住锡拉胡同他的亲戚蒋君家中。后来袁氏叛国以后，他的亲戚南返，他就搬到腊库去住。我有时候上他那边去，远远便听见他唱戏的声音了。他对于网球，也有相当的嗜好，不过兴致不十分浓罢了。”

由于时局动荡，徐志摩对时事亦颇为关注。尤其在徐志摩到北京大学上预科的第二年，我国发生了许多大事：二月，日本政府提出“二十一条”，至五月，袁世凯屈服日本，接受丧权辱国的“二十一条”；四月，台湾发生抗日运动，至八月，台湾近千名抗日志士被处死；九月，陈独秀创办《青年杂志》，扛起“人权”和“科学”两面大旗；十二月，袁世凯称帝，并于称帝次日下令捕杀“乱党”，随后孙中山发表《讨袁宣言》……其时，少年意气的徐志摩热血沸腾，大有“我以我血荐轩辕”之志气，并不断思索如何救国，让祖国不再经受磨难。这在一定程度上催生了徐志摩去国外留学，寻求救国良方的想法。

也正是徐志摩到北京大学上预科的这一年，经张君劢介绍，徐志摩转入上海浸信会学院（即沪江大学前身）学习。一九一六年，徐志摩转入天津北洋大学预科学习，次年转本科后，因北洋大学撤销法科，并与北京大学法科合并，故再次赴京，回到北京大学学习。此后，徐志摩一方面选修自己喜欢的功课，一方面等待留学良机。

同样少年意气的纳兰容若，亦有着自己的境遇。

“容若”这个名字，是纳兰自己起的。在此之前，纳兰容若叫成德，“成德”这一名字，是其父亲纳兰明珠翻遍“四书五经”并访遍文人名士之后起的。“成德”一词取自《尚书》：“伊尹乃明言烈祖之成德，以训于王。”《礼记》亦云：“弃尔幼志，顺尔成德。”纳兰明珠起此名字，意在希望纳兰容若拥有盛德、全德，做一个品德高尚的人。

旧时的文人有名有字。随着年岁增长，纳兰容若认为是时候该有自己的字了，于是翻经阅籍、冥思苦想，最终取字为“容若”。据考证，“容若”一词取自佛典，为“容有释”与“般若”之合意。“容有释”之意为解释经论时，除正义外，容认傍义，亦有容有之说。“般若”为梵语的译音，全称“般若波罗蜜多”或“般若波罗蜜”，意为“妙智慧”。纳兰容若以此为字，既与名呼应，亦表明他的心志——欲做个有品德的、有智慧的、襟怀广阔的人。

纳兰容若在跟随董讷学习的这几年里，不负容若之名，既广泛涉猎各类经典，亦不断提升自己的文武之道。一六七一年，在父亲的帮助下，纳兰容若以“补诸生”的方式，进入国子监学习深造。

国子监，亦称太学，是隋朝以后的中央官学，为中国古代教育体系中的最高学府。因政权更迭，各个朝代的国子监各有异同，但均以教育为本。清朝亦袭明朝旧制，于北京修葺国子监。据《清史稿·选举志》记载：“世祖定鼎燕京，修葺明北监为太学。顺治元年，置祭酒、司业及监丞、博士、助教、学正、学录、典簿等官。设六堂为讲习之所，曰：率性、修道、诚心、正义、崇志、广业。一仍明旧。”后来，国子监分经义、治事二斋教学，“严立课程，奖诱备至”，力主经世致用，曾使国子监出现“师徒济济，皆奋自镞砺，研求实学”的可嘉景象。

在科举时代，朝廷挑选各府、州、县秀才中的优异者升入国子监读书，称为贡生，在清朝贡生也被称为明经。尽管纳兰明珠位高权重，但为儿子成为贡生一事，亦费了不少气力。

为避免徇私现象出现，朝廷为遴选贡生定下了极为严厉的标准，“无论官兵子弟，不许瞻徇情面，择其资性颖秀，可以读书上进者”，规定由各旗佐领、参领选拔和保送二名优贡，再由都统考核，之后由国子监官员组织各种考试，通过后方能入学。故而纳兰容若能够成为贡生，亦反映出他出类拔萃的一面。

纳兰容若初入国子监时，即结识了同为贡生的张纯修。

张纯修，一六四七年生，字子安，号见阳，又号敬斋，直隶丰润人氏，曾任庐州知府。张纯修擅画山水，家藏名画极为丰富，而其临摹古画能够达到形神逼肖的地步，颇受时人称誉。张纯修亦工书法，善刻印，当时的名流高士奇、曹寅等，都与他交好。

纳兰容若、张纯修二人关系极好，尔后结为异姓兄弟，时常一起饮酒赏花、研学经典，互不以贵游相待，以诗词唱酬、书画鉴赏相交契。由于交往甚密，二人无话不谈，其间，张纯修将自己珍视的部分藏品转赠给纳兰容若，而《纳兰性德书画收藏录》中所列宋人李公麟绘的《二马图》、元人王振鹏绘的《龙舟竞渡图》、明人王绂绘的《竹枝图》均钤有张氏藏印，足见二人志趣相投，爱好相从，品性相当。

后来，纳兰容若故去，张纯修为其辑刻《饮水诗词集》并作序，称其“所以为诗词者，依然容若自言，‘如鱼饮水，冷暖自知’而已”。

初入国子监时，纳兰容若十七岁，张纯修二十四岁，二人相交甚密，互为知己，真真不曾辜负那段少年时光。这一年，纳兰明珠升任兵部尚书，吴三桂等三藩自为政令、割据一方，顾贞观告归南还。

徐志摩在北京大学上学的那几年，国内社会动荡不堪，国际形势亦十分严峻。与我国邻近的俄国，发生了七月流血事件，不久后在列宁的领导下，爆发了十月革命，由此建立了世界上第一个苏维埃政权国家——俄罗斯苏维埃联邦社会主义共和国。血气方刚的徐志摩，亲历了中国那个混乱的年代。与当时那一大批爱国青年一样，徐志摩亦欲投身于革命之中，将光明的火种带给祖国。

其时，军阀混战，民不聊生，军阀残害无辜百姓的情景随处可见，这给年轻的徐志摩留下了深刻的印象，以至于在若干年后，徐志摩在诗歌中亦有反映。

人变兽（战歌之二）

徐志摩

朋友，这年头真不容易过，

你出城去看光景就有数：

柳林中有乌鸦们在争吵，

分不匀死人身上的脂膏；

城门洞里一阵阵的旋风起，

跳舞着没脑袋的英雄，

那田畦里碧葱葱的豆苗，

你信不信全是用鲜血浇！

还有那井边挑水的姑娘，

你问她为甚走道像带伤——

抹下西山黄昏的一天紫，

也涂不没这人变兽的耻！

诗中生灵涂炭、命如草芥的场景，着实令人心悸。而徐志摩还在《大帅（战歌之一）》一诗的题记中写道：“见日报，前敌战士，随死随掩，间有未死者，即被活埋。”如此动乱的局势，让心怀理想的徐志摩愤懑不已，这也让初从恬静小镇来到“繁华”京城的徐志摩一下子成长起来。这时候的徐志摩，已不再是那个意欲飞翔的孩子，他成了一名斗士，有了新的使命。

而初入国子监的纳兰容若，则少了些烽火岁月的洗礼。其时的康熙年间，说是岁月静好亦不为过，尽管内有三藩之乱，外有豺狼虎视眈眈，但相较于民国乱象，竟有些歌舞升平的感觉。

那时的纳兰容若，不仅被父母寄予厚望，他自己亦渴望在国子监汲取营养，让自己的学识愈加丰盈。同其他贡生一样，纳兰容若刻苦学习，孜孜不倦。同其他贡生不一样的是，纳兰容若还喜欢深入观察，观察物事、花鸟，亦观察星空、山水。

自纳兰容若进入国子监的第一天起，他就留意到了国子监里的十只石鼓，如果说张纯修是纳兰容若的兄，那么这十只石鼓，便是纳兰容若的弟。观察和思考，成了纳兰容若面对这十只石鼓时的必修课。后来，在进行辨析及考证之后，纳兰容若写下了《石鼓记》。

石鼓记

纳兰容若

予每过成均，徘徊石鼓间，辄竦然起敬曰：此三代法物之仅存者。远方儒生，或未多见，身在辇毂，时时摩挲其下，岂非至幸？惜其至唐始显，而遂致疑议之纷纷也。《元和志》云：“石鼓在凤翔府天兴县南二十里，其数盈十，盖纪周宣王田于岐阳之事，而字用大篆，则史籀之所为作也。”自贞观中苏勉始志其事，而虞永兴、褚河南、欧阳率更、李嗣真、张怀瓘、韦苏州、韩昌黎诸公，并称其古妙，无异议者。迨欧阳文忠则疑自周宣至宋垂二千年，理难独存。夫岣嵝之字，岳麓之碑，年代更远，尚在人间，此不足疑一也。程大昌则疑为成王之物，因《左传》“成有岐阳之蒐”，而宣王未必远狩丰西。今蒐岐遗鼓，既无经传明文，而帝王辙迹可西可东，此不足疑二也。至温彦威、马定国、刘仁本，皆疑为后周文帝所作，盖因史“大统十一年西狩岐阳”之语故尔。按古来能书如斯、冰，邕、瑗无不著名，岂有能书若此而不名乎？况其词尤非后周人口语。苏、李、虞、褚、欧阳近在唐初，亦不遽尔昧昧。此不足疑三也。至郑夹漈、王顺伯，皆疑五季之后鼓亡其一，虽经补入，未知真伪。然向傅师早有跋云：“数内第十鼓不类。访之民间，得一鼓，字半缺者，校验甚真，乃易置以足其数。”此不足疑四也。郑复疑靖康之变，未知何在；王复疑世传北去，弃之济河。尝考虞伯生尝有记云：“金人徙鼓而北，藏于王宣抚宅，迨集言于时宰，乃得移至国学。”此不足疑五也。予是以断然从《元和志》之说，而并以幸俱存无伪焉。尝叹三代文字，经秦火后至数千百年，虽尊彝鼎敦之器出于山岩屋壁陇亩墟墓之间，苟有款识文字，学者尚当宝惜而稽考之，况石鼓为帝王之文，列胶庠之内，岂仅如一器一物，供耳奇目异之玩者哉？谨记其由来，以告夫世人之嗜古者。

其时的纳兰容若气盛非常，志存高远，故不愿“仅如一器一物，供耳奇目异之玩者”，此篇文字，足见志向。且纳兰容若在《石鼓记》中旁征博引，以实物遗存、帝王辙迹、民间口语、前人记跋为论据，对疑议一一进行了辩驳，证据确凿，引证得当，议论精严，层次明晰，不失为清代金石考据中的一篇佳作。

而徐志摩尚在开智学堂之时，亦作了一篇文章，或可录于此处，以作比较。

论哥舒翰潼关之败

徐志摩

夫禄山甫叛，而河北二十四郡，望风瓦解，其势不可谓不盛，其锋不可谓不锐。乘胜渡河，鼓行而西，岂有以壮健勇猛之师，骤变而为羸弱颓疲之卒哉？其匿精锐以示弱，是冒顿饵汉高之奸谋也。若以为可败而轻之，适足以中其计耳，其不丧师辱国者鲜矣！欲挫其锐，非深沟高垒，坚壁不出也不可，且贼之千里进攻，利在速战，苟与之坚壁相持，则贼计易穷。幸而潼关天险，西连京师，粮运既易，形势又得，据此以待援军之集，贼粮之匮，斯不待战而可困敌也。哥舒之计，诚以逸待劳，而有胜无败之上策也。奈何元宗昏懦，信任国忠，惑邪说而诅良谋，以至于败。故曰：潼关之失实国忠而非哥舒也。

此篇文章，文采义理俱佳，令人拍案称奇。徐志摩的国语老师张树森特别欣赏这篇文章，曾当作范文向学生宣读。而被当作范文宣读的徐志摩的文字不知凡几，可见徐志摩的古文功底十分深厚。

可以说，徐志摩进入北京大学，纳兰容若进入国子监，恰如两只鲲鹏展翅于九天之上。二人以此为起点，走上了新的征途。

后来，纳兰容若填了一阕《浣溪沙》，其中有一个句子，恰可形容二人的这一阶段："谁道飘零不可怜，旧游时节好花天。"是飘零吗？我想，大概是吧。飘零者，漂泊也，二人来到了新的广阔的天地，遨游不也是某种意义上的漂泊吗？

旧游时节，指的是那时那日。那时，徐志摩有毛子水，纳兰容若有张纯修。那时，徐志摩心怀救国之志，欲求一剂良方，治国医民；而纳兰容若初初飞出鸟笼一般的明府，欲以一身少年意气，闯荡出一世斑斓。

鲜衣怒马少年时

忽地想起侠客来。侠客旧指武艺高强、讲义气的人，李白曾有《侠客行》一诗，诗中有云："赵客缦胡缨，吴钩霜雪明。银鞍照白马，飒沓如流星。十步杀一人，千里不留行。事了拂衣去，深藏身与名。"

李白出蜀时，已是二十四岁。"仗剑去国，辞亲远游"的李白，亦如徐志摩上北京大学、纳兰容若去国子监那般意气风发。李白乘舟沿江出峡，沿途江山如画，教李白豪气干云，由是李白才有了"飞流直下三千尺，疑是银河落九天”这样磅礴大气的、不似人间言辞的句子。

传言李白还写过一首《少年行》，开篇即是“君不见淮南少年游侠客，白日球猎夜拥掷，呼卢百万终不惜，报仇千里如咫尺”，但经后人考证系伪作，然其气势非凡，亦非一般庸作所能比较。后来读到了唐人陈子良的《游侠篇》，便觉少年意气，真真如阳春三月的一场浩荡春风，裹挟着一点浩然之气，驰骋于千里之外。

游侠篇

陈子良

洛阳丽春色，游侠骋轻肥。

水逐车轮转，尘随马足飞。

云影遥临盖，花气近薰衣。

东郊斗鸡罢，南皮射雉归。

日暮河桥上，扬鞭惜晚晖。

试问哪一个少年，不欲鲜衣怒马、仗剑天涯呢？那山那水仿佛随着马车轮子的转动由远及近，一程尘土亦被马蹄踏得飞扬起来，云朵就在车顶上，仿佛就在少年头上，可否采撷一二朵来，绣成衣衫上的数朵清莲？而路边花气熏透了一袭长袖，亦熏香了一个风华少年的万丈豪情。

其时的李白，器宇不凡。到达江陵后，李白见到了受到三代皇帝推崇的天台道士司马承祯。司马承祯为道教上清派茅山宗第十二代宗师，字子微，法号道隐，自号白云子，少时笃学好道，无心仕途，曾拜嵩山道士潘师正为师，后隐居天台山玉霄峰。因其文学修养极深，与李白、陈子昂、孟浩然、王维、贺知章等十人称为仙宗十友。司马承祯初见李白，便惊为天人，赞其“有仙风道骨，可与神游八极之表”。李白亦是受宠若惊，欢欣之余，写下《大鹏遇希有鸟赋》，以表知遇之情。

大鹏遇希有鸟赋

李白

余昔于江陵，见天台司马子微，谓余有仙风道骨，可与神游八极之表。因著大鹏遇希有鸟赋以自广。此赋已传于世，往往人间见之。悔其少作，未穷宏达之旨，中年弃之。及读晋书，睹阮宣子大鹏赞，鄙心陋之。遂更记忆，多将旧本不同。今复存手集，岂敢传诸作者？庶可示之子弟而已。

其辞曰：南华老仙，发天机于漆园。吐峥嵘之高论，开浩荡之奇言。徵至怪于齐谐，谈北溟之有鱼。吾不知其几千里，其名曰鲲。化成大鹏，质凝胚浑。脱鬐鬣于海岛，张羽毛于天门。刷渤澥之春流，晞扶桑之朝暾。燀赫乎宇宙，凭陵乎昆仑。一鼓一舞，烟朦沙昏。五岳为之震荡，百川为之崩奔。

尔乃蹶厚地，揭太清。亘层霄，突重溟。激三千以崛起，向九万而迅征。背业太山之崔嵬，翼举长云之纵横。左回右旋，倏阴忽明。历汗漫以夭矫，羾阊阖之峥嵘。簸鸿蒙，扇雷霆。斗转而天动，山摇而海倾。怒无所搏，雄无所争。固可想象其势，仿佛其形。

若乃足萦虹蜺，目耀日月。连轩沓拖，挥霍翕忽。喷气则六合生云，洒毛则千里飞雪。邈彼北荒，将穷南图。运逸翰以傍击，鼓奔飙而长驱。烛龙衔光以照物，列缺施鞭而启途。块视三山，杯观五湖。其动也神应，其行也道俱。任公见之而罢钓，有穷不敢以弯弧。莫不投竿失镞，仰之长吁。

尔其雄姿壮观，坱轧河汉。上摩苍苍，下覆漫漫。盘古开天而直视，羲和倚日以旁叹。缤纷乎八荒之间，掩映乎四海之半。当胸臆之掩画，若混茫之未判。忽腾覆以回转，则霞廓而雾散。

然后六月一息，至于海湄。欻翳景以横翥，逆高天而下垂。憩乎泱漭之野，入乎汪湟之池。猛势所射，馀风所吹。溟涨沸渭，岩峦纷披。天吴为之怵栗，海若为之躨跜。巨鳌冠山而却走，长鲸腾海而下驰。缩壳挫鬣，莫之敢窥。吾亦不测其神怪之若此，盖乃造化之所为。

岂比夫蓬莱之黄鹄，夸金衣与菊裳？耻苍梧之玄凤，耀彩质与锦章。既服御于灵仙，久驯扰于池隍。精卫殷勤于衔木，鶢鶋悲愁乎荐觞。天鸡警晓于蟠桃，踆乌晰耀于太阳。不旷荡而纵适，何拘挛而守常？未若兹鹏之逍遥，无厥类乎比方。不矜大而暴猛，每顺时而行藏。参玄根以比寿，饮元气以充肠。戏旸谷而徘徊，冯炎洲而抑扬。

俄而希有鸟见谓之曰：伟哉鹏乎，此之乐也。吾右翼掩乎西极，左翼蔽乎东荒。跨蹑地络，周旋天纲。以恍惚为巢，以虚无为场。我呼尔游，尔同我翔。于是乎大鹏许之，欣然相随。此二禽已登于寥廓，而斥鷃之辈，空见笑于藩篱。

“右翼掩乎西极，左翼蔽乎东荒。跨蹑地络，周旋天纲。”李白以《庄子·逍遥游》中的鲲鹏自比，欲“喷气则六合生云，洒毛则千里飞雪”，欲做个“足萦虹蜺，目耀日月”之人，足见李白志向。而李白将司马承祯比作《神异经》中的希有鸟，认为只有希有鸟能了解鲲鹏，也只有鲲鹏才能了解希有鸟，于是将其引为知己。

少年人俱是侠客，徐志摩、纳兰容若莫不如是，他们二人亦“水逐车轮转，尘随马足飞”，亦在等待希有鸟的到来。

李白大概于二十五岁时遇见了司马承祯，而徐志摩则稍幸运些，二十二岁时，便遇见了自己生命中的希有鸟。

徐志摩自一九一七年九月至一九一八年夏天，一直在北京大学学习。这近一年的时间是徐志摩难得的静好岁月，日子轻松、平淡而充实。也正是一九一八年夏天，徐志摩即将离开北京之时，徐申如和张君劢为其张罗了一件绝好的事情。原来，徐申如深知自己的儿子对梁启超极其崇拜，且张君劢恰是梁启超的弟子，于是二人在梁启超和徐志摩之间穿针引线，说服梁启超收徐志摩为入室弟子。

梁启超，一八七三年生，字卓如，一字任甫，号任公，又号饮冰室主人、饮冰子、哀时客、中国之新民、自由斋主人。为清朝光绪年间举人，是我国近代思想家、政治家、教育家、史学家、文学家，系戊戌变法（百日维新）领袖之一。

梁启超自幼从师学习，八岁学文，九岁能缀千言，十七岁高中举人，后师从康有为。梁启超在维新变法前，曾参与发动“公车上书”运动，后与黄遵宪等一起创办《时务报》。维新变法失败后逃亡日本，撰《夏威夷游记》等，欲推广“诗界革命”，并批判以往在诗中运用新名词以表新意的做法。

关于梁启超的轶事颇多，可择两件以窥其品性。其一发生于民国十五年，即一九二六年，梁启超因尿血症住院，经透视发现其右肾有一点黑，诊断为瘤，手术后，经解剖右肾发现一个肿块，但非恶性肿瘤，此后梁启超依然尿血，且查不出病源，遂被诊断为“无理由之出血症”。一时舆论哗然，矛头直指西医，认为西医“拿病人当实验品，或当标本看”。此即轰动一时的“梁启超被西医割错腰子”案。后来，梁启超在《晨报》发表文章，公开为西医辩护：“我盼望社会上，别要借我这回病为口实，生出一种反动的怪论，为中国医学前途进步之障碍。”可见其襟怀。

其二则发生于梁启超早年时候。有一年，梁启超到广东拜见两广总督张之洞，张之洞见投刺（拜帖）落款为“愚弟梁启超顿首”，认为梁启超狂妄自大，颇不高兴，于是出联刁难，命仆人送给梁启超。上联为“披一品衣，抱九仙骨，狂生无礼称愚弟”，行文颇为高傲，并直接指责梁启超太过狂妄。不料梁启超胸有丘壑，稍一沉思，坦然对出下联：“行千里路，读万卷书，侠士有志傲王侯。”其时梁启超年轻气盛，亦有大志，对答不卑不亢，有理有据，张之洞见之，大有相见恨晚之感，立即出衙迎接。后来，张之洞调任湖广总督，梁启超到江夏拜访他。张之洞再出一联：“四水江第一,四时夏第二，先生居江夏，谁是第一，谁是第二？”四水古指江、河、淮、济，长江排首位；四时即四季，夏排第二位；而第一第二之争，或是为难梁启超而有意为之。此上联技巧高明，欲对颇有难度，梁启超才思敏捷，略加思索即对出下联：“三教儒在先，三才人在后，小子本儒人，何敢在先，何敢在后。”三教指儒释道三教，儒家排首位；三才语出《周易·系辞下》，指天地人，《三字经》亦云：“三才者，天地人。三光者，日月星。”人排第三位；不敢在先，亦不敢在后，巧妙避开了张之洞的“诘难”。张之洞吟读再三，不禁叹道：“此书生真乃天下奇才也！”此事可见梁启超的才气。

在情感方面，梁启超既痴情亦薄情。一八九九年，梁启超赴美参与办理保皇会事宜，期间认识一名侨商的女儿——何蕙珍。其时，何蕙珍年方二十，因英文极好，为梁启超做翻译工作。由于日日相对，二人渐生情愫。因不愿瞒着自己的妻子李慧仙，梁启超便在信中说了此事。李慧仙读后，给梁启超写了回信，最终，梁启超以理智战胜情感，结束了这场苦恋。再后来，何蕙珍来到北京，欲与梁启超再续前缘，然梁启超只是简单招待了何蕙珍，使得何蕙珍恹恹而归。李慧仙病逝后，何蕙珍再次赶到北京寻梁启超，但梁启超依旧婉拒了。关于梁启超对于何蕙珍的薄情，时人多有议论，认为梁启超对待一个深情女子，不该如此。而梁启超对李慧仙的痴情，亦是一段佳话。李慧仙逝世后，梁启超写了一篇《祭梁夫人文》，可见其心迹。文曰："我德有阙，君实匡之；我生多难，君扶将之；我有疑事，君榷君商；我有赏心，君写君藏；我有幽忧，君噢使康；我劳于外，君煦使忘；我唱君和，我揄君扬；今我失君，只影彷徨。"

早在中学时代，徐志摩便为梁启超的才情所倾倒。徐志摩在读了梁启超的《意大利建国三杰传》后，燃起了浓厚的爱国热情，他这样写道："读梁先生之意大利三杰传，而志摩血气之勇始见，三杰之行状固极快之致，而先生之文章亦夭矫若神龙之盘空，力可拔山，气可盖世，淋漓沉痛，固不独志摩为之低昂慷慨，举凡天下有血性人，无不腾攘激发，有不能自已者矣！"可见徐志摩对梁启超推崇备至。

徐志摩亦在日记中写道："读任公先生《新民说》和《德育鉴》，合十稽首，喜惧愧感，一时交集，《石头记》宝玉读宝钗之《螃蟹咏》而曰：'我的也该烧了。'今我读先生文也曰，弟子的也该烧了。"

徐志摩曾在府中学堂校刊《友声》发表文章《论小说与社会之关系》，从文风到思想，都效仿了梁启超的《论小说与群治之关系》。足见梁启超对徐志摩产生过极其重要的影响。

一九一八年六月，在徐申如、张君劢、蒋百里等人的引见下，徐志摩终于如愿以偿，在北京见到了梁启超，并得以拜其为师。梁启超毕竟不是一般学者，因其名气甚大，难以得见，据说徐申如为此豪掷一千银元作为贽礼（初次拜见长辈所送的礼物），此事真伪莫辨，且以其时梁启超之地位，区区一千银元怕也不放在眼里。

拜师之后，徐志摩离开北京南下，准备于是年八月赴美，入美国克拉克大学读书。在家乡期间，徐志摩曾给梁启超写了一封信，张幼仪在晚年的自述中亦提到过这封信。陈从周的《徐志摩年谱》收录了徐志摩的《上梁师任公函》，不知是否为同一封信：

夏间趋拜槼范，眩震高明，未得一抒其愚昧，南归适慈亲沾恙。奉侍匝月，后复料量行事，仆仆无暇，首途之日，奉握金诲，片语提撕，皆旷可发蒙，感抃怍会至于流涕。具念夫子爱人以德，不以不肖而弃之，抑又重增惶悚，虑下驷之不足，以充御厩而有愧于圣门弟子也。敢不竭跬步之安详，以冀千里之程哉？

《上梁师任公函》写得颇为文雅，将徐志摩对梁启超的崇敬之情表达得淋漓尽致，而梁启超将徐志摩收为入室弟子，亦教徐志摩受宠若惊。两个月后，徐志摩将赴美留学，为此，梁启超专门写信给他，并赠其《饮冰室读书记》，以壮其行。

与徐志摩不同的是，纳兰容若在遇见“希有鸟”前，先遇见了一个于他有知遇之恩的伯乐。

纳兰容若对“四书五经”等儒家经典已有深刻见解，不仅在日常考试中时常名列前茅，且书法俊美飘逸，入国子监后不久，即引起时任国子监祭酒（相当于今天的校长）的徐元文的关注。

徐元文，一六三四年生，字公肃，号立斋，江苏昆山人氏。二十五岁即进士第一，顺治帝称其为“佳状元”，赐冠带、蟒服、御马等，授翰林院修撰。康熙十八年，修《明史》并任总裁，后升任国子监祭酒，充任经筵讲官。康熙帝曾称赞说：“徐元文为祭酒，规条严肃，满洲子弟不率教者，辄加挞责，人人敬畏。后人不能及也。”徐元文后任左都御史，官至文华殿大学士兼翰林院掌院学士。著有《含经堂集》《得树园诗集》。

徐元文少年得志，十四岁已为当地生员（俗称秀才，亦称诸生），顺治十一年中举人，顺治十六年中进士，在翰林院任职期间，多次受到顺治帝召见。徐元文为人正直，直言敢谏，从不奉承，后整顿吏治，修史撰书，颇受皇帝器重。世人对其亦有赞誉之声。康熙帝曾赐徐元文三幅手迹，其中一幅写的是“鸢飞鱼跃”，可见其甚得隆宠。

徐元文任国子监祭酒后，认为学校废弛，毅然以师道自任，充作经筵讲官，亲自为学生授课。同时，徐元文对国子监招生、教学二事进行大胆改革，废止纳捐贡生制度，强调提高教学质量，促进了清朝国子监的发展。

徐元文认为纳兰容若是一个难得的人才，不仅文采斐然，且品性高洁，因此，他曾在人前赞誉纳兰容若：“司马大人之贤公子，绝非常人！”其时，纳兰明珠已由左都御史升为兵部尚书，兵部尚书统管全国军事，故有大司马的别称。

除赏识纳兰容若外，徐元文还将纳兰容若举荐给了自己的兄长徐乾学。后来，纳兰容若拜徐乾学为师，时常前往徐府学习。

徐乾学对纳兰容若影响极深。徐乾学于纳兰容若而言，亦师亦友。

此时的徐志摩和纳兰容若，各自迎来了最好的年华。二人如游侠一般，仗剑而去，江湖偌大，何处是他们的归处？他们又能搅动怎样的风云？是龙还是虫？全看他们的造化了。

《世说新语》曾记载了这样一个故事：东晋时候，有一位名士叫郝隆，每年七月初七，家家晒霉，郝隆却跑到烈日之下躺着。有人甚是诧异，问郝隆在做什么，郝隆答道："我在晒肚子里的书呢。"郝隆无书不读，有一肚子学问，如此不羁的做法，颇为可爱。其实，让思想、学问不发霉，走出去才是最好的做法。这亦是游侠精神之所在。

纳兰容若曾写过一首律诗，颇有游侠之气。其中二句云："凤翥龙蟠势作环，浮青不断太行山。九重殿阁葱茏里，一气风云吐纳间。"

一气风云吐纳间——是了，这个偏偏佳公子，风流俊少年，就该如侠客一般，吹剑断袂，胸纳风云。就该如凤翥如龙蟠，扶摇而上九万里。

而徐志摩也应如他在长诗《爱的灵感》中写的那样："我要你这样抱着我直到我去，直到我的眼再不睁开，直到我飞，飞，飞去太空，散成沙，散成光，散成风……"

怀抱理想和志向，飞向“太空”，哪怕成沙、成光、成风，也无须担心。因为那时候，乘风破浪的过程，已经成了游侠的快意之事。

徐志摩，纳兰容若，这两个少年郎呵，更该如明人沈炼所写的那样：“公子本多游侠气，经过况是大梁城。时时仗剑心先去，往往挥毫意独横。”只是，他们不仅仅经过“大梁城”，他们还将涉过千山万水，抵达世界中心。在那里，他们舞剑惊天下，挥毫意纵横。

征帆一片绕蓬壶

曾在李白的诗集中读到一首绝句，此后，便对晁衡生发了几分兴趣。

哭晁卿衡

李白

日本晁卿辞帝都，征帆一片绕蓬壶。

明月不归沉碧海，白云愁色满苍梧。

当时就想，晁衡究竟是何许人也，竟教雄霸半个盛唐诗坛的李白为其赋诗。

晁衡，六九八年生，字巨卿，本名阿倍仲麻吕，朝臣姓，安倍氏。晁衡出生于日本一个贵族家庭，天资聪颖，自幼好学。七一六年（唐代开元四年，日本灵龟二年），爱好汉文化的晁衡被举为遣唐留学生，翌年三月自难波（今大阪）出发，九月抵达长安，改汉名为晁衡。不久后，晁衡入国子监太学，重点攻读《礼记》《诗经》《左传》等经典，毕业后参加科举考试，考中进士，后被任命为左春坊司经局校书，辅佐太子李瑛研习学问。七三一年，晁衡擢任门下省左补阙，职掌供俸、讽谏、扈从、乘舆诸事。历任仪王友、卫尉少卿、秘书监兼卫尉卿。安史之乱后，唐肃宗擢其为散骑常侍兼安南都护，后任命其为安南节度使。

晁衡在唐五十四年，历仕唐玄宗、唐肃宗、唐代宗三代皇帝。其人不仅学识渊博，才华过人，且性格豪爽，结交了李白、王维、储光羲等一批诗人名士。七五三年，晁衡归国，众人作诗赠之。

送秘书晁监还日本国

王维

积水不可极，安知沧海东。

九州何处远，万里若乘空。

向国唯看日，归帆但信风。

鳌身映天黑，鱼眼射波红。

乡树扶桑外，主人孤岛中。

别离方异域，音信若为通。

晁衡读后，颇受触动，于是作五言一首，答赠诸友。

衔命还国作

晁衡

衔命将辞国，非才忝侍臣。

天中恋明主，海外忆慈亲。

伏奏违金阙，骓骖去玉津。

蓬莱乡路远，若木故园林。

西望怀恩日，东归感义辰。

平生一宝剑，留赠结交人。

这首《衔命还国作》后来收录于宋代编辑的优秀诗文集《文苑英华》中，也是其中唯一一首外国人的作品。

晁衡生于日本，学于大唐，仕于大唐，忠于大唐。终其大半生，都在大唐度过，且以外国人的身份高中举人，遍查中国历史，亦难找寻出其左右者。晁衡于国子监读书，纳兰容若亦于国子监读书；晁衡留学长安，徐志摩亦将留学国外。晁衡俨然风光若此，徐志摩及纳兰容若，又将在历史的长河里，溅起怎样的水花呢？

等待了许久，良机终于到来。一九一八年八月十四日，徐志摩登上南京号轮，从上海十六铺码头启行赴美。其祖母及父母均至上海为其送行。

八月三十一日，难掩心中欣悦的徐志摩，于航行在太平洋中的轮船上写下了一封书信。其时，徐志摩胸有丘壑，意欲成为有志之士，待学成归来，为祖国建立功勋。徐志摩在《赴美致亲友书》中写道：

民国七年八月十四日启行赴美，诸先生即祖饯之，复临送之，其惠于摩者至，抑其期于摩者深矣。

窃闻之，谋不出几席者，忧隐于眉睫，足不逾闾里者，知拘于蓬蒿。诸先生于志摩之行也，岂不曰国难方兴，忧心如捣，室如悬磬，野无青草，嗟尔青年，维国之宝，慎尔所习，以驻我脑。诚哉，是摩之所以引惕而自励也。

传曰：父母在，不远游。今弃祖国五万里，违父母之养，入异俗之域，舍安乐而耽劳苦，固未尝不痛心欲泣，而卒不得已者，将以忍小剧而克大绪也。耻德业之不立，遑恤斯须之辛苦，悼邦国之殄瘁，敢恋晨昏之小节。刘子舞剑，良有以也。祖生击楫，岂徒然哉？唯以华夏文物之邦，不能使有志之士，左右逢源，至于跋涉间关，乞他人之糟粕，作无憀之妄想，其亦可悲而可恸矣。

垂髫之年，辄抵掌慷慨，以破浪乘风为人生至乐，今自出海以来，身之所历，目之所触，皆足悲哭呜咽，不自知涕之何从也，而何有于乐？

我国自戊戌政变，渡海求学者，岁积月增，比其反也，与闻国政者有之，置身实业者有之，投闲置散者有之。其上焉者，非无宏才也，或蔽于利；其中焉者，非无绩学也，或绌于用；其下焉者，非鲋涸无援，即枉寻直尺。悲夫！是国之宝也，而颠倒错乱若是！岂无志士，曷不急起直追，取法意大利之三杰；而犹徘徊因循，岂待穷途日暮而后夺博浪之椎，效韩安之狙？须知世杰秀夫不得回珠宝之飓，哥修士哥不获续波兰之祀。

所谓青年爱国者何如？尝试论之：夫读书至于感怀国难，决然远迈，方其浮海而东也，岂不慨然以天下为己任；及其足履目击，动魄刿心，未尝不握拳呼天，油然发其爱国之忱。其竞学而归，又未尝不思善用其所学，以利导我国家。虽然，我徒见其初而已，得志而后，能毋徇私营利，犯天下之大不韪者鲜矣。又安望以性命，任天下之重哉？夫西人贾竖之属，皆知爱其国，而吾所恃以为国宝者，咻咻乎不举其国，而售之不止。即有一二英俊不诎之士，号呼奔走，而大厦将倾，固非一木所能支，且社会道德日益滔滔，庸庸者流引鸩自绝，而莫之止，虽欲不死得乎？窃以是窥其隐矣。

游学生之不竞，何以故？以其内无所确持，外无所信约。人非生而知之，固将困而学之也。内无所持，故怯、固蔽、固易诱；外无所约，固贪、固谲、固披猖。怯则畏难而耽安，蔽则蒙利而蔑义，易诱则天真口汩，嗜欲日深。腐于内，则溃其皮，丧其本，斯败于行，贪以求，谲以忮，放行无忌，万恶骈生。得志则祸天下，委伏则乱乡党，如水就下，不得其道则泛滥横溢，势也不可得而御也，如之何则日？曰：疏其源，导其流，而小为民利矣。我故曰：“比内有所确持，外有所信约者，此疏导之法也。”庄生曰：“内外犍。”朱子曰：“内外交养。”皆是术也。

确持奈何？言致其诚，习其勤，言诚自不欺，言勤自夙兴，庄敬笃励，意趣神明，志足以自固，识足以自督，恒足以自立。若是乎，金石可穿，鬼神可格，物虽欲厉之，容可信乎！信约奈何？人之生也，必有严师友督饬之，而后能规化于善。圣人忧民生之无度也，为之礼乐以范之，伦常以约之，方今沧海横流之际，固非一二人之力可以排界而砥柱，必也集同志，严誓约，明气节，革弊俗，积之深，而后发之大，众志成城，而后可有为于天下。

若是乎，虽欲为不善，而势有所不能。而况益之以内养之功，光明灿烂，蔚为世表，贤者尽其才，而不肖者止于无咎，拨乱反正，雪耻振威，其在斯乎？或曰：子言之易欤，行子之道者有之而未成也，奈何？然则必其持之未确也，约之未信也，偏于内则俭，骛于外则紊，世有英彦，必证吾言。况今日之世，内忧外患，志士贵兴，所谓时势造英雄也。

时乎！时乎！国运以苟延也今日，作波韩之续也今日，而今日之事，吾属青年，实负其责，勿以地大物博，妄自夸诞。往者不可追，来者犹可谏。夫朝野之醉生梦死，固足自亡绝，而况他人之鱼肉我耶？

志摩满怀凄怆，不觉其言之冗而气之激，瞻彼弁髦，惄如捣兮，有不得不一吐其愚以商榷于我诸先进之前也。摩少鄙，不知世界之大，感社会之恶流，几何不丧其所操，而入醉生梦死之途？此其自为悲怜不暇，故益自奋勉，将悃悃幅幅，致其忠诚，以践今日之言。幸而有成，亦所以答诸先生期望之心于万一也。

其时，由于“大厦将倾”，为祖国的强盛而读书，成为众多爱国青年的志向。徐志摩亦不例外。徐志摩认为，自戊戌变法以来，留学国外的志士不在少数，然归国后却多不如意。起初，徐志摩以为只有实业才能救国，后来发现，光靠发展经济是远远不够的，还需要改变思想、发展军事……由是，徐志摩因读书而感怀国难，决然远迈，以天下为己任，益自奋勉，并言“幸而有成，亦所以答诸先生期望之心于万一也”。

经横滨，过檀香山，在海上漂泊二十余日后，一九一八年九月四日，徐志摩抵达美国旧金山。在办理一系列手续后，徐志摩正式入读美国克拉克大学。

徐志摩在《猛虎集》的序言中说过这样一段话："我父亲送我出洋留学是要我将来进金融界的，我自己最高的野心是想做一个中国的Hamilton（汉密尔顿）。"徐志摩的父亲徐申如本就在金融界颇有声名，因此有人认为徐志摩在美国学的专业是金融学。后经核查克拉克大学记录，确定徐志摩进的是历史系，与金融学无甚关系。

由于克拉克大学对于学术的要求甚高，徐志摩为自己制定了严格的作息表："六时起床，七时朝会，晚唱国歌，十时半归寝，日间勤学而外，运动跑步阅报。"因并不完全满足克拉克大学的要求，徐志摩曾在第二年夏天，入康奈尔大学夏令班修了四个学分，这才在一九一九年冬天顺利毕业，取得一等荣誉学位。

徐志摩在美国留学看似顺风顺水，实则是用汗水换来的。与其同去美国留学的人，均将其称为"拼命三郎"。

初至克拉克大学，由于英语底子薄弱，徐志摩连日常交流都很困难，于是勤学苦练，很快便攻克了这一难题。为了学到更多知识，徐志摩拼命压缩学习时间。徐志摩仅仅用了一年半时间，便修完了应在克拉克大学学习的一切课程，包括三科历史学课程、两科经济学课程、两科法文课程、一科西班牙文课程、一科心理学课程、两科社会学课程。后来，徐志摩又只用了半年时间，便取得了哥伦比亚大学的硕士学位。尽管时间紧迫，学业繁重，但徐志摩并非草草应付，他的精读、勤思的学习态度，让他取得了颇为优异的成绩。徐志摩取得克拉克大学一等荣誉学位即是最好的证明。徐志摩在康奈尔大学夏令班的优异表现，亦让人难以忘怀，林徽因在《悼志摩》一文中提及了此事："听说有一次康乃（奈）尔暑校里一位极严的经济学教授还写了信去克拉克大学教授那里恭维他的学生，关于一门很难的学科。"

其时，徐志摩关心时事，政治热情高涨。一九一八年十二月，徐志摩听闻哈佛大学的中国学生有国防会的组织，决心利用假期到波士顿看看。

国防会的成员俱为留学生，清华大学国学院创办人之一的吴宓在《吴宓自编年谱》中写道："先是民国四年五月九日，中国政府屈服于日本，承认其五项二十一条以后，在波士顿城之中国留学生，痛愤'国耻'，遂有'中国国防会'之组织。'国防会'之名，易滋疑问及误解。盖该会并非欲直接自办练兵购械之事，只欲唤醒国人，团结民众，共事抵抗外国之侵略与凌逼，以救亡图存而已。故国防会，实即‘救国会’之别名。入会者，皆留美学生中之优秀分子，确实热心爱国者。”

十二月二十一日，徐志摩与友抵达波士顿，住康桥青年会。次日至哈佛大学游玩，其间结识了万兆芷、吴宓、赵元任等一大批中国留学生。关于徐志摩参与国防会的事迹，吴宓在一篇回忆文章中记述得颇为详细：

> 我住在哈佛大学宿舍Thayer Hall三十五号室。同房住的，是尹寰枢（字任先），是中国国防会的副会长；我们的住室便是国防会办公和职员会议的地方。我那时十分爱国，日夕劳忙，和郑莱、陈宏振等一般朋友，帮助尹君办理会务；一面又要打电报到巴黎阻止中国和会代表签字；一面又要在美国报上写登文章；一面又要参与中国留美学生会的事情，讨论某案，弹劾某人，真是忙个不休，十分起劲……就在那时，我初和志摩认识。一日，有克拉克大学的两位中国学生，来加入国防会；其中一位是李济（济之），另一位便是徐章垿，字志摩。照例签名注册之后，大家便畅谈国事和外交政治等。以后还会见过几次，所谈仍不出此范围。

回到克拉克大学后，徐志摩除勤修学业外，还参加了陆军训练团。徐志摩入哥伦比亚大学攻读硕士学位时，政治热情空前高涨，他在写给李济的信笺中，提及了这段经历："我近来做了些中文，关于社会主义，想登《政学丛报》的，抄写得真苦，臂膀也酸了，指头也肿了。"

从哥伦比亚大学毕业这一年，徐志摩二十四岁。他的这段留学生涯，短暂而充实，我们亦可看见，一个"集同志，严誓约，明气节，革弊俗"的徐志摩，在属于自己的江湖，践行着当初的诺言。

纳兰容若则颇为幸运，不仅遇见了徐元文这个伯乐，还在徐元文的引见下，认识了自己生命中的"希有鸟"——徐乾学。

进入国子监学习的第二年，即一六七二年八月，顺天府举行乡试，十八岁的纳兰容若踌躇满志，第一次参加科举考试。此次考试分武试和文试两场。武试主要考察骑马和射箭等军事技能，这对出身于八旗人家的纳兰容若而言实为易事，且纳兰容若打小习武，于是轻而易举通过了武试。纳兰容若在文试时更显得游刃有余。纳兰容若不仅对"四书五经"等儒家经典烂熟于心，诗词歌赋于他而言更是信手拈来。在这样的情形下，纳兰容若顺利高中。自此，纳兰容若正式成为一名举人。

尽管对于纳兰家族而言，“举人”这一身份不算什么，但纳兰容若及其家人仍然很高兴，因为纳兰容若中举这一件事，意味着他半只脚踏进了官场。纳兰明珠尤为欣喜。纳兰容若作为长子，其父亲一直对他进行尽心竭力的培养，渴望他能够走上仕途，光耀门楣。

徐元文得知这一消息后，亦为纳兰容若感到高兴。徐元文认为纳兰容若已经成为举人，再留在国子监也学不到什么东西了，于是希望有一个更高层次的人来引导他。这时候，徐元文想到了自己的兄长徐乾学，且徐乾学与纳兰容若此前便已相识，于是徐元文为二人牵线，纳兰容若顺理成章地拜了徐乾学为师。

徐乾学，一六三一年生，字原一、幼慧，号健庵、玉峰先生，江苏昆山人氏。徐乾学为顾炎武外甥，八岁能文，一六七〇年高中进士，为进士榜第三（探花），授编修。历任左赞善、《明史》总裁、侍讲学士。一六八五年参加廷试得第一名，入南书房教习皇子，擢任内阁学士，任《清会典》《大清一统志》副总裁。

徐乾学推崇程朱理学，在训诂学方面颇为擅长。他认为注释古书时，不应舍弃宋、元经典，并致力于搜集唐、宋、元、明学者解经之书，编成《通志堂经解》。徐乾学著有《读礼通考》《檐园集》等，其家中的传是楼，是中国藏书史上著名的藏书楼。

如同徐志摩拜梁启超为师一样，纳兰容若在拜师之前，对徐乾学早有崇拜之情。

纳兰容若对徐乾学渊博的学问和超绝的文章颇为倾心，且一心向往儒家文化，而徐乾学在这方面的造诣极高，故此，纳兰容若早早对徐乾学生了钦羡之心。

徐乾学亦早已听闻纳兰容若的才名，亦生了栽培之意。但当纳兰容若去拜见时，徐乾学故作冷漠，有意试探一下这个年少有才的新晋举人，于是便以“经史原委和文体正变”为题，让纳兰容若抒发己见。纳兰容若年已十八，稚气虽未完全脱去，亦胸有成竹，于是一番口若悬河、妙语连珠的见解之后，彻底使徐乾学折服。徐乾学担心纳兰容若少年得志便骄傲自满，于是在纳兰容若临走之前，带他来到自己的书房，一边苦心劝教，一边让他参观自己所藏的经解著作。纳兰容若来到书房，颇为震惊，之前以为自己父亲所藏之丰已是天下少有，不料与自己师傅比较，不过九牛一毛而已。此后，纳兰容若愈加谦恭了。

次年二月，会试开始。会试是我国古代科举制度中的中央考试，应考者为各省的举人，录取者称为贡士，第一名称为会元。纳兰容若亦参与了这场考试，并且顺利通过会试。

会试之后是廷试。廷试亦称殿试、御试、廷对，是科举考试中的最高一段，只考策问，只考一天。廷试由内预拟，然后呈请皇帝选定。廷试第一名称状元，第二名称榜眼，第三名称探花。

通过会试后，纳兰容若亦应参加廷试，可惜的是，会试结束一个月后，纳兰容若身染寒疾，一病不起。由是，纳兰容若错过了廷试。最终，与纳兰容若同为贡士的韩菼廷被皇帝钦点为状元，王鸿绪为榜眼，徐秉义为探花。徐乾学为了安慰纳兰容若，专门送了一篮樱桃给纳兰容若。但此事给纳兰容若的打击着实不小。病中的他，填了一阕小令回赠徐乾学，以表自己的心迹。

临江仙·谢饷樱桃

纳兰容若

绿叶成阴春尽也，守宫偏护星星。

留将颜色慰多情。分明千点泪，贮作玉壶冰。

独卧文园方病渴，强拈红豆酬卿。

感卿珍重报流莺。惜花须自爱，休只为花疼。

绿叶成阴的典故，出自杜牧《叹花》诗："自恨寻芳到已迟，往年曾见未开时。如今风摆花狼藉，绿叶成阴子满枝。"据《唐诗纪事》载，杜牧游湖州时遇到了一个垂髫少女，十四年后，杜牧做了湖州刺史，可惜当年少女已经嫁人生子了，便怅然为诗。纳兰容若用此典故，意指自己因为生病而耽误了廷试。此外，此词亦可见纳兰容若之志向。守宫为守宫槐，星星则是猩猩，猩，红色也，指红红的樱桃。纳兰容若以樱桃自比，认为槐叶遮挡了自己。

此外，纳兰容若还写了一首七律，更为直接地点出了自己未能参加廷试的遗憾。

幸举礼闱以病未与廷试

纳兰容若

晓榻茶烟揽鬓丝，万春园里误春期。
谁知江上题名日，虚拟兰成射策时。
紫陌无游非隔面，玉阶有梦镇愁眉。
漳滨强对新红杏，一夜东风感旧知。

其时，纳兰明珠已被擢升为武英殿大学士，尽管颇为失落，但亦知事已如此，无可奈何，且相较于功名，自己儿子的身体更重要些，于是一面让纳兰容若好好调理身体，尽早康复，一面劝纳兰容若重拾信心，让纳兰容若奋发图强，以更好的状态迎接日后的考试。他对纳兰容若说："吾子年少，其少俟之。"意思是我的孩子还小，还可以再等等。

纳兰容若也听进去了，在失落了一段时间后，开始重新振作起来，同时也向徐乾学表达了自己的心思，希望自己能够得到徐乾学更多的指点。于是，是年五月起，每月的三、六、九日，纳兰容若都会到徐乾学府上学习，若有不懂的，便会提出来一起探讨。时日久了，徐乾学所藏书籍已被纳兰容若熟读个遍。这段时间，成了纳兰容若极为重要的时光。纳兰容若不仅夯实了自己的学识，学业亦突飞猛进。

也正是这段时间，纳兰容若逐渐为时人所知。

再次想起李白写给晁衡的那一句诗：征帆一片绕蓬壶。不同的是，晁衡的征帆，是航向家乡的方向，其时，晁衡早已功成名就，意欲落叶归根，给自己画上一个完美的句号。

而徐志摩和纳兰容若的征帆，则航向了另一个"蓬壶"。他们在青春的大海上航行着，有细雨和风，也有惊涛骇浪……"蓬壶"在哪里，没有人知道，但他们努力找寻着。于是，徐志摩路过了国防会，纳兰容若路过了科举考试……这时候的他们，正是意气勃发的年纪。那一段时光，亦因他们而各自生动着。

征帆一片绕蓬壶。其时，明月照碧海，鲸浪卷红日，两片征帆，各自远去。

相见欢：海内存知己，天涯若比邻

去时陌上花如锦

去时陌上花如锦，出自京剧曲目《春闺梦》。此曲目由唐代诗人杜甫的《新婚别》及陈陶的《陇西行》中的“可怜无定河边骨，犹是春闺梦里人”铺陈、改编而来，后经程砚秋等著名伶人演绎，成为一出经典曲目。其唱词云：

细思往事心犹恨，生把鸳鸯两下分。

终朝如醉还如病，苦依熏笼坐到明。

去时陌上花如锦，今日楼头柳又青。

可怜侬在深闺等，海棠开日到如今。

“去时陌上花如锦，今日楼头柳又青”，可是，公子呵，你到底何时归来？关于归期，徐志摩说不明白，亦没有放在心上。陌上繁花如锦，着实迷人眼目，徐志摩乐在其中，幸甚至哉。

一九二〇年九月，徐志摩完成学位论文《论中国的妇女地位》，获得哥伦比亚大学硕士学位后，便匆匆赴英，入伦敦大学政治学院攻读博士学位。

徐志摩原本打算在哥伦比亚大学取得硕士学位后，继续在这里攻读博士学位，但听闻大哲学家罗素并未去世的消息后，心情颇为激越，于是意欲远赴英国，跟随罗素学习。

关于这段经历，徐志摩在《我所知道的康桥》一文中，有过详细记述：

我到英国是为要从师罗素。罗素来中国时，我已经在美国。他那不确的死耗传到的时候，我真的出眼泪不够，还作悼诗来了，他没有死，我自然高兴。我摆脱了哥伦比亚大博士衔的引诱，买船票过大西洋，想跟这位

二十世纪的福禄泰尔认真念一点书去。

伯特兰·阿瑟·威廉·罗素，一八七二年生，英国哲学家、数学家、逻辑学家、历史学家、文学家，分析哲学的主要创始人。罗素出生于曼摩兹郡一个贵族家庭，一八九〇年考入剑桥大学三一学院，曾两度在剑桥大学任教。一九〇八年当选为英国皇家学会会员。一九五〇年获诺贝尔文学奖，并被授予英国嘉行勋章。主要作品有《西方哲学史》《哲学问题》《心的分析》《物的分析》等。

罗素是一位颇具影响力的西方学者，在思想方面的成就早已为世人认可。一九二〇年，应梁启超等人邀请，罗素来到中国讲学。为了欢迎这位大哲学家，有人专门组织了罗素研究会，有人甚至创办了《罗素月刊》，当时很多思想先进的人都希望罗素谈谈自己的看法，为中国人指点迷津。

罗素来华以后，到中国各地进行演讲。他认为中国的当务之急是开发实业，兴办教育。他主张在保存现有国家的条件下，建立“产业自治”，从而消灭剥削，实现劳动者的解放。

在罗素讲学的同时，张东荪、梁启超等人连续发表文章，认为中国经济落后，缺少真正的劳动者，中国没有条件建立代表劳

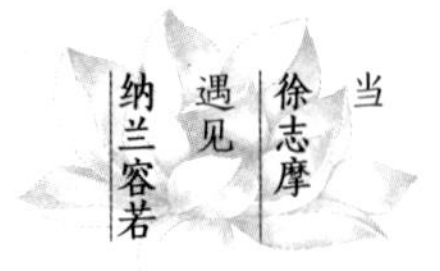

动阶级的政党，认为救中国只有一条路，那就是依靠“绅商阶级”来振兴实业，发展资本主义。

此后，李大钊、陈独秀、李达、陈望道、邵力子、蔡和森等人亦连续发表文章，批评张东荪主张走资本主义道路的理论。他们表示中国经济虽然落后，但无产阶级的存在是一个客观事实，并认为中国若要发展资本主义，实行“保护资本家的制度”，这不仅“理所不可”，而且“势所不能”。

罗素本人都没有想到，他的这番中国之行，竟给当时中国的思想界带来如此大的震动。徐志摩赴英的时候，罗素尚在中国讲学，因此，徐志摩并未见到罗素。而且徐志摩到了伦敦才知道，早在一九一六年第一次世界大战期间，罗素因为主张和平已被剑桥大学三一学院除名。因为这个原因，徐志摩只能申请进入伦敦大学学习。

徐志摩提及的“不确的死耗”，其实是一场误会。冯崇义在《罗素与中国——西方思想在中国的一次经历》中有过记述：“一九二一年三月十四日，罗素应邀到保定的育德中学演讲，其时天气颇凉，罗素因受凉患上了急性肺炎，后被送进一家德国人开的医院，很长时间昏迷不醒。当时中国的各大报纸都在报道他的病情，日本一家报纸甚至报道罗素已经不幸病逝，有人匆匆发来了讣告。好在那位德国主治医生医术高明，北京的洛克菲勒研究院又及时提供了抗肺炎血清，罗素才得以幸免一死，于三月二十九日脱离危险状态并开始好转。”

徐志摩对于罗素的崇拜，深受其师梁启超的影响。梁启超在欢迎罗素来华的大会上，不仅推崇罗素的学说，还称颂他的人格：“这是真正学者独立不惧的态度，这是真正为人类自由而战的豪杰。”梁启超亦多次在信中提及罗素，因此徐志摩对其愈发崇拜了。

进入伦敦大学政治学院后，徐志摩师从拉斯基教授学习政治学。其间，徐志摩曾为梁启超创办的《改造》杂志写过几篇文章，谈的大多是政治话题。

后来，罗素结束了他在中国及其他国家将近一年的讲学和访问，与新婚妻子布莱克回到了英国。徐志摩寻得地址后，于一九二一年十月十八日写信请求见面：“欧格敦先生把尊址赐告，但未悉此信能否顺利到达。您到伦敦要是能惠一音以便安排一个大家见面的时间，我将感激不尽。自到英国后我就一直渴望找机会见您。我愿在此向您表示我的热忱，并祝蜜月旅行愉快。”一周后，徐志摩如愿以偿，得到了与罗素见面的机会。后来，徐志摩回忆称罗素待人彬彬有礼，不仅热衷于教育事业，对各类问题亦有独到见解。见到罗素后，徐志摩频繁往来于剑桥大学和伦敦大学之间，既经常向罗素学习，亦积极参与罗素倡导、组织的各种活动。

得知罗素喜得贵子后，徐志摩不仅写信祝贺，还精心安排了一场聚会，邀请罗素一家前来。他在信中说："为了一个美丽的婴儿的来临，让我向尊夫人及您自己致以最热烈的祝贺。你们弄璋的喜讯是鲍惠尔小姐日前在康桥告诉我的。为这次即将来临的聚会，我们准备了红鸡蛋和寿面，这是中国人在这类场合的惯例。我们期望尊夫人在十号那天能和您一起赏脸光临。"

一九二二年，徐志摩在回国前夕，想与罗素见上一面，阴差阳错之下，这次会面未能成功。归国后，徐志摩写了一篇题为《罗素与中国——读罗素〈中国问题〉》的论文。一九二三年初，徐志摩还翻译了罗素的《教育中的自由——拒斥机械论》，是年年底又发表了《罗素又来说话了》一文。可见徐志摩对罗素的钦崇之情。

香港学者梁锡华在分析徐志摩的写作时，曾说过这样一段话："志摩初期的政论文在行文用字方面是梁启超式的，笔锋带感情而满纸热力活力，真可说是慷慨激昂，淋漓尽致；但自英回国后，文体多了一种幽默讽刺的风味。在这方面罗素及一般英国作家的影响颇为显著。”此亦可见罗素对徐志摩产生过重要影响。

除向罗素请教外，徐志摩在英国的留学生活亦颇为精彩。

初至伦敦大学，徐志摩便与陈源（字伯通，后以笔名陈西滢行世）相识了，后来又结识了来英国考察战后欧洲政治的章士钊，并通过二人，结交了威尔斯、魏雷、狄更生、曼殊斐儿等英国著名作家和学者，及金岳霖、郭虞裳等一大批中国留学生。在学习期间，徐志摩亦经常参加伦敦大学的演讲会、报告会等。

徐志摩在给家人的信笺中写道：“更有一事为大人所乐闻者，即儿到伦敦以来，顿觉性灵益发开展，求学兴味益深，庶几有成，其在此乎？儿尤喜与英国名士交接，得益倍途徙，真所谓学不完的聪明。”可见，在这段时间里，徐志摩过得极其快意。

而徐志摩在英留学的生涯中，最浓墨重彩的，当属他在康桥（即剑桥）的那段经历。

自一九二〇年十月起，徐志摩一直游学于剑桥大学。一九二一年春天，在英国学者狄更生的推荐下，徐志摩成为剑桥大学皇家学院特别生。能够到剑桥大学研读，狄更生花了不少气力，对此，徐志摩一直铭记在心，在《致傅来义》中，徐志摩特别写道：“我一直认为，自己一生最大的机缘是得遇狄更生先生。是因为他，我才能进到康桥享受这些快乐的日子，而我对文学艺术的兴趣也

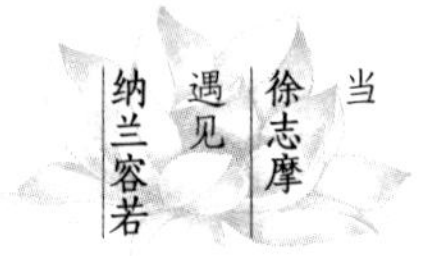

就这样固定成型了。”从某种意义上讲，狄更生是徐志摩弃政从文的引路人。

在剑桥大学研读期间，徐志摩曾写过一本日记，记录了期间的所感所想，可惜这本日记已经轶失，我们今天能够看到的，只有胡适摘抄下来的一段箴言。不过，关于徐志摩在剑桥大学的生活，还是能够从他的一些文字中管窥一二。徐志摩曾在《吸烟与文化》中写道：

> 但我在康桥的日子可真是享福，深怕这辈子再也得不到那样蜜甜的机会了。我不敢说康桥给了我多少学问或是教会了我什么。我不敢说受了康桥的洗礼，一个人就会变气息，脱凡胎。我敢说的只是——就我个人说，我的眼是康桥教我睁的，我的求知欲是康桥给我拨动的，我的自我的意识是康桥给我胚胎的。我在美国有整两年，在英国也算是整两年。在美国我忙的是上课，听讲，写考卷，龈橡皮糖，看电影，赌咒，在康桥我忙的是散步，划船，骑自转车，抽烟，闲谈，吃五点钟茶，牛油烤饼，看闲书。如其我到美国的时候是一个不含糊的草包，我离开自由神的时候也还是那原封没有动；但如其我在美

国时候不曾通窍，我在康桥的日子至少自己明白了原先只是一肚子颟顸。这分别不能算小。

我早想谈谈康桥，对它我有的是无限的柔情。但我又怕亵渎了它似的始终不曾出口。

徐志摩将自己称作“草包”，这自然只是谦辞。这段文字中，徐志摩将自己在美国与英国的生活做了比对，我们可以看见徐志摩弃政从文的渐变的过程。在留美时，徐志摩以天下为已任，欲在政治上崭露头角，故而十分勤学，极力压缩学习时间；到英国后，受到曼殊斐儿及狄更生等人的影响，徐志摩感受到了文艺中纯净的美，故而思想渐渐发生了变化。徐志摩本就文学功底深厚，在曼殊斐儿等作家的鼓励与影响下，弃政从文成了理所当然的事。一九二一年十一月二十三日，徐志摩拿起手中的笔，写下了我们现今所知的“第一首诗”——《草上的露珠儿》：

颗颗是透明的水晶球，
新归来的燕儿
在旧巢里呢喃个不休；
诗人哟！可不是春至人间

还不开放你

创造的喷泉，

嗤嗤！吐不尽南山北山的璠瑜，

洒不完东海西海的琼珠，

融和琴瑟箫笙的音韵，

饮餐星辰日月的光明！

诗人哟！可不是春在人间，

还不开放你

创造的喷泉！

这一声霹雳

震破了漫天的云雾，

显焕的旭日

又升临在黄金的宝座；

柔软的南风

吹皱了大海慷慨的面容

洁白的海鸥

上穿云下没波自在优游；

诗人哟！可不是趁航时候，

还不准备你

歌吟的渔舟！

看哟！那白浪里

金翅的海鲤

白嫩的长鲩，

虾须和螃脐！

快哟！一头撒网一头放钩，

收！收！

你父母妻儿亲戚朋友

享定了希世的珍馐。

诗人哟！可不是趁航时候，

还不准备你

歌吟的渔舟！

诗人哟！

你是时代精神的先觉者哟！

你是思想艺术的集成者哟！

你是人天之际的创造者哟！

你资材是河海风云，

鸟兽花草神鬼蝇蚊，

一言以蔽之：天文地文人文；

你的洪炉是"印曼桀乃欣",

永生的火焰"烟士披里纯",

炼制着诗化美化灿烂的鸿钧;

你是高高在上的云雀天鹨,

纵横四海不问今古春秋,

散布着希世的音乐锦绣;

你是精神困穷的慈善翁,

你展览真善美的万丈虹,

你居住在真生命的最高峰!

诗中的"印曼桀乃欣"和"烟士披里纯"是英文imagination和inspiration的音译,分别是想象和灵感的意思。在诗中,徐志摩以"先觉者"自喻,希望自己不仅仅是时代精神的先觉者,更是思想艺术的集成者与人天之际的创造者。

也正是这段时间,徐志摩先后写下了《春》《人种由来》等诗作。十年后,徐志摩回忆了这一时期的创作经历,他在《猛虎集》的序言中写道:

只有一个时期我的诗情真有些像是山洪暴发,不分方向地乱冲。那就是我最早写诗那半年，生命受了一种伟大力量的震撼，什么半成熟的未成熟的意念都在指顾间散作缤纷的花雨。我那时是绝无依傍，也不知顾虑，心头有什么郁积，就付托腕底胡乱给爬梳了去，救命似的迫切，哪还顾得了什么美丑！我在短时期内写了很多，但几乎全部是见不得人面的。这是一个教训。

尽管其时的作品有一部分如徐志摩自己所言——“见不得人面”，但须知没有那段“山洪暴发”的诗情经历的话，徐志摩是打不好日后写好诗作的基础的。

徐志摩曾说：“你们一说到只是叫我难受又难受。我再没有别的话说，我只要你们记得有一种天教歌唱的鸟不到呕血不住口，它的歌里有它独自知道的别一个世界的愉快，也有它独自知道的悲哀与伤痛的鲜明；诗人也是一种痴鸟，他把他的柔软的心窝紧抵着蔷薇的花刺，口里不住地唱着星月的光辉与人类的希望，非到他的心血滴出来把白花染成大红他不住口。他的痛苦与快乐是浑成的一片。”

一九二八年，徐志摩重游剑桥大学，看到景色如故，诸友不在，忆起自己曾在这里的种种生活，顿生物是人非之感，觉得这里的“痛苦与快乐是浑成的一片”。于是，是年十一月六日，在归国的海上，徐志摩这只痴鸟，将自己栖在了一首诗里。这首诗，既是他与剑桥的一场告别，亦是他与剑桥永生剪不断理还乱的一段系绊。

再别康桥

徐志摩

轻轻的我走了，
正如我轻轻的来；
我轻轻的招手，
作别西天的云彩。

那河畔的金柳，
是夕阳中的新娘；
波光里的艳影，
在我的心头荡漾。

软泥上的青荇，
油油的在水底招摇；

在康河的柔波里，

我甘心做一条水草！

那榆荫下的一潭，

不是清泉，是天上虹；

揉碎在浮藻间，

沉淀着彩虹似的梦。

寻梦？撑一支长篙，

向青草更青处漫溯；

满载一船星辉，

在星辉斑斓里放歌。

但我不能放歌，

悄悄是别离的笙箫；

夏虫也为我沉默，

沉默是今晚的康桥！

悄悄的我走了，

正如我悄悄的来；

我挥一挥衣袖，

不带走一片云彩。

这首诗歌，大家早已耳熟能详，不作赘言。倒是诗中的“那榆荫下的一潭，不是清泉，是天上虹；揉碎在浮藻间，沉淀着彩虹似的梦”，似是一件实事。

一九二二年夏天，一天中午，徐志摩正在书房看书，房东的小女儿列兰跑来说要打震（打雷闪电）了。徐志摩往窗外一看，果然有打震的迹象，于是他连忙穿上衣袍、戴上方帽，拿了雨衣便往外跑，想要去看彩虹。这件事情，林徽因在《悼志摩》一文中记述得颇为翔实：

源宁说，有一天他在校舍里读书，外边下起了倾盆大雨——唯是英伦那样的岛国才有的狂雨——忽然他听到有人猛敲他的房门，外边跳进一个被雨水淋得全湿的客人。不用说他便是志摩，一进门一把扯着源宁向外跑，说快来我们到桥上去等着。这一来把源宁怔住了，他问志摩等什么在这大雨里。志摩睁大了眼睛，孩子似的高兴地说“看雨后的虹去”。源宁不只说他不去，并且劝志摩趁早将湿透的衣服换下，再穿上雨衣出去，英国的湿气岂是儿戏，志摩不等他说完，一溜烟的自己跑了。

以后我好奇地曾问过志摩这故事的真确，他笑着点头承认这全段故事的真实。我问：那么下文呢，你立在桥上等了多久，并且看到虹了没有？他说记不清但是他居然看到了虹。我诧异地打断他对那虹的描写，问他：怎么他便知道，准会有虹的。他得意地笑答我说：“完全诗意的信仰！”

那揉碎在浮藻间的彩虹，那沉淀着彩虹似的梦，会不会说的就是这一件事呢？天真烂漫的徐志摩，着实可爱极了，温源宁未与之同去，怕是一生的憾事了。

一九二二年，综合各项表现，徐志摩由剑桥大学皇家学院特别生转为正式研究生。也正是这一年八月，为追随林徽因，徐志摩申请退学，随后启程回国。途中作《印度洋上的秋思》。十月十五日抵达上海。

可以说，在英国留学的这段如锦时光，成了徐志摩人生中浓墨重彩的一笔。而在剑桥大学研读的这段经历，更成了他一生不可磨灭的一段记忆。

在徐志摩向罗素求取学问的时候，早徐志摩二百四十多年出生的纳兰容若，亦师从徐乾学，并取得了颇为傲人的成绩。

想起一则旧事。古代家境贫寒的文人，多有三冬读书的传统。汉武帝即位后，征召天下有才之士，东方朔知道后，来到长安，并写下了《上书自荐》:“臣朔少失父母，长养兄嫂。年十二学书，三冬，文史足用。十五学击剑。十六学《诗》《书》，诵二十二万言。十九学孙吴兵法，战陈之具，钲鼓之教，亦诵二十二万言。凡臣朔固已诵四十四万言。又常服子路之言。臣朔年二十二，长九尺三寸，目若悬珠，齿若编贝，勇若孟贲，捷若庆忌，廉若鲍叔，信若尾生。若此，可以为天子大臣矣。臣朔昧死再拜以闻。”成语“三冬足用”即源于此。

贫寒子弟平素忙于农事，疲于生计，也只有冬日才有空闲读书。纳兰容若出身贵胄，无须如此。故而错过廷试后，纳兰容若终日沉浸于读书的乐趣之中，其阅读量之大，亦不亚于东方朔。纳兰容若且读且思考，渐渐发现流传到现在的书籍错误百出，他将这一现象告诉了徐乾学，徐乾学倍觉欣慰，将自己三十余年来收藏和校订的书籍全部借给他抄阅。正是在抄阅的过程中，纳兰容若有了将这些图书编辑为一部丛书的想法。纳兰容若请来徐乾学帮忙，出资四十万两银子，并招纳了许多有才之士。

徐乾学与纳兰容若家的藏书是远远不够的，于是师徒二人四处搜集书籍，并发动身边的朋友帮忙收集，其中，朱彝尊不仅贡献了自己的部分藏书，还亲自参与了进来。

朱彝尊在当时亦是出了名的藏书家。他嗜书如命，一年俸禄有大半用于采购图书。朱彝尊曾为了一本孤独典籍，请其同僚王纶以借阅为名，到秘史馆抄录，不料被管理秘史馆的官员抓个正着，后经审讯，朱彝尊被降级处分。但当时的文人并不认为这是什么不对的事情，反将此事称为“美贬”。后来，朱彝尊舍弃一身功名，辞官回乡专事藏书去了。

经过两年努力，这部巨著终于竣工。由于这部丛书是纳兰容若发起的，且出了资费，主要工作亦由纳兰容若来做，因此大家推举他为主持者。纳兰容若以大家志向相通之意，把丛书命名为《通志堂经解》，并将自己藏书的花间草堂改名为通志堂。为此，纳兰容若还写了一首七律，以志其事，《通志堂成》云：“茂先也住浑河北，车载图书事最佳。薄有缥缃添邺架，更依衡泌建萧斋。何时散帙容闲坐，假日消忧未放怀。有客但能来问字，清尊宁惜酒如淮。”

《通志堂经解》是清代最早出现的一部阐释儒家经义的大型丛

书，收录先秦、唐、宋、元、明经解一百三十八种，纳兰容若自撰二种，共计一千八百卷。纳兰容若在《通志堂经解》总序中，详述了事情的缘起：

经之有解，自汉儒始，故《戴礼》著经解之篇于时分门讲授曰：《易》有某家，《诗》、《书》、三《礼》有某家，《春秋》有某家者，某宗师大儒也。传其说者，谓之受某氏学，则终身守其说，不敢变。党同抵异，更废迭兴，虽其持论互有得失，要其渊源皆自圣门。诸弟子流分派别，各尊所闻，无敢私并一说者，盖其慎也。

东汉之初，颇杂谶纬，然明章之世，天子留意经学，宣阐大义，诸儒林立，仍各专一家。今谱系之列于《儒林传》者，可考而知也。

自唐太宗命诸儒删取诸说为《正义》，由是专家之学渐废，而其书亦鲜有存矣。至宋二程、朱子出，始刊落群言，覃心阐发，皆圣人之微言奥旨。当时如眉山、临川、象山、龙川、东莱、永嘉、夹漈诸公，其说虽微有不同，然无有各名一家如汉氏者。

逮宋末元初，学者尤知尊朱子，理义愈明，讲贯愈熟，其终身研求于是者，各随所得，以立言要其归趋，无非发明先儒之精蕴，以羽卫圣经，斯固后世学者之所宜取衷也。惜乎其书流传日久，十不存一二。

余向嘱友人秦对岩、朱竹垞购诸藏书之家，间有所得，雕版既漫涣断阙不可卒读，钞本讹谬尤多，其间完善无讹者又十不得一二。间以启于座主徐先生，先生乃尽出其藏本示余小子曰：是吾三十年心力所择取而校订者。余且喜且愕，求之先生，钞得一百四十种，自《子夏易传》外，唐人之书仅二三种，其余皆宋元诸儒所撰述，而明人所著间存一二。请捐资，经始与同志雕版行世。先生喜曰：是吾志也。遂略叙作者大意于各卷之首而复述其雕刻之意如此。

《通志堂经解》的编校，彻底治愈了纳兰容若错过廷试的失落情绪。此间博览群书的他，对宋明理学也有了更深的理解。更重要的是，作为这部丛书的倡始者、资助者、参与者，纳兰容若不仅名传天下，更是结交了一大批文人挚友。

有人对这部丛书的署名存有异议。而这个人，即后来登上皇位的乾隆皇帝。乾隆帝曾颁布上谕曰：

朕阅成德所作序文，系康熙十二年，计其时成德年方幼稺，何以即能淹通经术？向时即闻徐乾学有代成德刊刻《通志堂经解》之事，兹令军机大臣详查成德出身本末，乃知成德于康熙十一年壬子科中式举人，十二年癸丑科中式进士，年甫十六岁。徐乾学系壬子科顺天乡试副考官，成德由其取中。父明珠在康熙年间，柄用有年，势焰熏灼，招致一时名流，如徐乾学等互相交结，植党营私。是以伊子成德年未弱冠，即夤缘得取科名，自由关节，乃刊刻《通志堂经解》，以见其学问渊博。古称皓首穷经，虽在通儒，非义理精熟毕生讲贯者，尚不能覃心阐扬，发明先儒之精蕴。而成德以幼年薄植，即能广收博采，集经学之大成，有是理乎？

乾隆帝认为，其时纳兰容若年纪尚小，不可能有此能力。且由于其父纳兰明珠曾结党营私、其弟揆叙曾卷入皇子争夺储位的斗争、其女婿年羹尧因犯重逆之罪被雍正帝处死，故此乾隆帝对纳兰家族抱有成见。军机大臣的详查亦多有不实。实际上，康熙十二年，纳兰容若十八岁，非乾隆帝所谓的十六岁，单这一点便是破绽。其实，综合考查徐乾学、朱彝尊、纳兰容若等人的著述，可知纳兰容若乃是《通志堂经解》的倡始者、资助者、参与者、主持者，而非全书撰者，故署《通志堂经解》为“纳兰成德校订”未尝不可。

纳兰容若的才情及校订《通志堂经解》一事，让康熙帝大为赞许。一六七六年，即纳兰容若错过廷试的三年后，又一场廷试开始了。最终，经康熙帝定夺，纳兰容若被录取为进士二甲第七名。

也正是这一年，皇太子保成更名为胤礽，故纳兰容若的名字“成德”中的“成”字无须再避，《进士题名录》上纳兰容若的名字已作“纳兰成德”。此后，凡纳兰容若手书、印章及友朋书文俱称成德，不再称性德。

去时陌上花如锦——徐志摩研读于剑桥大学时，仿佛一只蹁跹的蝴蝶，往来于虹影箫声间，在那柔软的、星辉斑斓的梦里，飞过来飞过去。那一年，徐志摩二十五岁。

去时陌上花如锦——高中进士那一年，纳兰容若得遂心愿，略无缺憾，欣喜之余，作《生查子》一阕，以述其情：“鞭影落春堤，绿锦鄣泥卷。脉脉逗菱丝，嫩水吴姬眼。啮膝带香归，谁整樱桃宴。蜡泪恼东风，旧垒眠新燕。”轻快的句子，教纳兰容若仿佛一位“春风得意马蹄疾，一日看尽长安花”的书生，只是不同的是，陌上花如锦的地方，不是长安，是京华。纳兰容若既欲看尽京华繁花，亦欲看见一个香气熏透衣衫的、填词作乐的自己。那一年，纳兰容若二十二岁。

“公子啊，去时陌上花如锦，今日楼头柳又青。你且记得，花洒灌满群星……”公子且记得，陌上花如锦，年华亦如锦，来这尘世一遭，不妨好好走走看看，彻彻底底怒放一场，做一朵花，用香气撒满阡陌。然后，撒遍尘寰。

立马江山千里目

对于剑桥大学的怀念，自是灼烈可感。《再别康桥》是徐志摩多年后重游故地所作，而他在归国前夕，业已作过相关诗文。其中的长诗《康桥再会吧》虽然在技艺、语言方面不如《再别康桥》，但以一种近乎自传独白式的叙述抒情方式，记录了剑桥大学对徐志摩在精神上深远的影响，侧面反映了诗人崇尚自然、崇尚爱和美的思想观。

康桥再会吧（节选）

徐志摩

康桥，再会吧；

我心头盛满了别离的情绪，

你是我难得的知己，我当年

辞别家乡父母，登太平洋去，

……

在知识道上，采得几茎花草，

在真理山中，爬上几个峰腰，

……

康桥，再会吧！

你我相知虽迟，然这一年中

我心灵革命的怒潮，尽冲泻

在你妩媚河身的两岸，此后

清风明月夜，当照见我情热

狂溢的旧痕，尚留草底桥边，

……

康桥！汝永为我精神依恋之乡！

此去身虽万里，梦魂必常绕

汝左右，任地中海疾风东指，

我亦必纡道西回，瞻望颜色；

……

康桥！我故里闻此，能弗怨汝

僭爱，然我自有谠言代汝答付；

我今去了，记好明春新杨梅

上市时节，盼望我含笑归来，

再见吧，我爱的康桥。

从“再会”二字便可知，早在离别之初，徐志摩便已下定决心故地重游。“归来”二字，亦饱含了徐志摩对于剑桥大学的深深情愫。

从马赛上船，经新加坡、中国香港，一九二二年十月十五日，徐志摩抵达上海。回国后的徐志摩，日益繁忙起来。是年秋天，徐志摩应邀为清华文学社演讲，之后，又在文友会发表演讲——《我对威尔斯、嘉本特和曼殊斐儿的印象》。

相较演讲之类的琐事，颇为有趣的，是徐志摩排演《齐德拉》一事。

其时，印度诗人泰戈尔早已享誉世界，一九一三年获诺贝尔文学奖，成为亚洲第一位获此殊荣的诗人。一九一五年，陈独秀在《新青年》第二期上刊发了他翻译的泰戈尔的四首作品，立刻让泰戈尔的声名传遍中国。我国由此掀起了很长一段时间的“泰戈尔热”，冰心的《繁星》《春水》等作品，就是受了泰戈尔的影响。

一九二四年，应梁启超、蔡元培的邀请，泰戈尔访问我国，其间会见了沈钧儒、梅兰芳、齐白石等各界名流。其时，徐志摩亦深爱泰戈尔的作品，被其不朽的人格、深刻的哲学见解折服，他在《泰戈尔来华》一文中如此盛赞泰戈尔：“泰戈尔在世界文学中，究占如何位置，我们此时还不能定，他的诗是否可算独立的贡献，他的思想是否可以代表印族复兴之潜流，他的哲学是否有独到的境界——这些问题，我们没有回答的能力。但有一事我们敢断言肯定的，就是他不朽的人格。他的诗歌，他的思想，他的一切，都有遭遗忘与失时之可能，但他一生热奋的生涯所养成的人格，却是我们不易磨翳的纪念。”

为迎接泰戈尔来华讲学，由梁启超等人举办的中国讲学社，安排徐志摩负责联络、接待、翻译等相关工作。

因为“骨痛热病”的缘故，泰戈尔推迟了来华时间。到了一九二四年四月十二日，泰戈尔方乘船抵达上海。徐志摩、张君励等六十余位各界名流前往迎接。

是年五月八日，正值泰戈尔六十四岁生日，在新月俱乐部的操办下，为其举办了一场生日宴会。出席的各界名流多达四百余位，由胡适担任主席。这场生日宴会可谓别开生面，不仅设置了演说、赠礼、剧作演出等环节，在梁启超的主持下，大家还为泰戈尔取了一个中国名字——竺震旦，并刻作印章送给泰戈尔。大家认为泰戈尔本名“拉宾德拉”是“太阳”与“雷”的意思，译作中文为“震旦”，而印度在中国亦称为“天竺”，取“竺”为姓，合为“竺震旦”。泰戈尔认为这个名字很有趣，也有非凡的意义，甚为欢喜。

值得一提的是，生日宴会上的剧作演出《齐德拉》(亦译作《奇特拉》《契玦腊》)，系泰戈尔根据印度史诗《摩诃婆罗多》改写的一部诗剧。剧中，张彭春导演，梁思成绘景，林徽因扮演齐德拉，张歆海扮演阿俊那，徐志摩扮演爱神。在排演时印了许多精美的说明书，由陆小曼在礼堂门口招待发售。徐志摩为了演好这部剧目，可谓下了很大心力。其时，演员的地位不算高，文人又自视甚高，大家能够自降身份排好这部剧，可见泰戈尔在他们心中的地位。

泰戈尔在华期间，徐志摩一直伴其左右。

泰戈尔抵沪当日下午五时，徐志摩陪其游览龙华古寺。次日下午一时，徐志摩陪其参加上海的Sikhs教派的印度人在闸北一寺院开的欢迎会。四月十四日清晨，徐志摩陪其赴杭州游西湖。四月十六日回上海。四月二十三日泰戈尔抵京，其间泰戈尔在南京讲演，徐志摩任翻译。四月二十八日，泰戈尔在先农坛讲演，徐志摩任翻译……六月初，徐志摩送泰戈尔一行去日本。至此，泰戈尔访华之旅正式落下帷幕。

一九二五年二月，泰戈尔在加尔各答出版了《在华谈话录》，这本书的扉页上，印着一段文字："感谢我友徐志摩的介绍，得与伟大的中国人民相见，谨以此书为献。"可见，泰戈尔在华期间，二人收获了不一样的友谊。

徐志摩创建新月社一事，亦与泰戈尔有关。

一九二四年春天，为迎接泰戈尔的到来，徐志摩在石虎胡同七号院好春轩，即他所住之处的门外挂了一个牌子，上面写有"新月社"三个字。

徐志摩在《剧刊始业》一文提到了新月社的发展轨迹："最初是'聚餐会'，从聚餐会产生新月社，又从新月社产生'七号'的俱乐部。"其时，徐志摩主要往来于文学研究会和创造社，业已发表了大量作品，但这两个文学团体相对封闭，徐志摩难以融入其中。当时大批欧美留学生学成归来，亦需要一个相对合适的平台，在此情形下，新月社应运而生。

“新月”之名取自泰戈尔的《新月集》。饶孟侃在《关于新月社》中写道：“徐那时已是个大忙人……他那门前挂着‘新月社’牌子的寓所，石虎胡同七号，是因为他曾经在这里招待过《新月集》的作者——印度老诗人泰戈尔。”

因当初成立新月社是临时起意，时间也仓促，故而新月社之后从石虎胡同迁至松树胡同。关于此事，徐志摩亦作过交代：“新月初起时，只是少数人共同的一个想望，那时的新月社也只是个口头的名称，与现在松树胡同七号那个新月社俱乐部可以说并没有怎样密切的血统关系。”

新月社成立初期，由于没有明确定位，故而人员复杂，徐志摩在《给新月》一文中，作了颇为有趣的描述：“同时神经敏锐的先生们对我们新月社已经发生不少奇妙的揣详。因为我们社友里有在银行里做事的就有人说我们是资本家的机关；因为我们社友里有一两位出名的政客就有人说我们是某党某系的机关；因为我们社友里有不少北大的同事就有人说我们是北大学阀的机关；因为我们社友里有男有女就有人说我们是过激派。”新月社除了做读书会、朗诵会、研讨会外，还组织过新年舞会、元宵灯谜会、清明踏青会、三伏采莲会、中秋赏月会等各类时令活动，吸引了各界人士参与。

其中颇值得一提的，当属梁启超到新月社讲《桃花扇》一事。瞿光熙在《中国现代文学史札记》中收录了熊佛西对此事做的记述："新月社在北京成立的时候一般文人学者常到松树胡同去聚谈，或研讨学问，或赋诗写文，或评论时事，颇极一时之盛。先生亦常去参加。某日，同仁请先生讲述《桃花扇》传奇，先生热情如火，便以其流利的广东官话，滔滔不绝地将《桃花扇》作者的历史、时代背景以及该书在戏曲文学上的价值，一一加以详尽透辟地解释与分析。最后并朗诵其中最动人的几首填词。诵读时不胜感慨之至，顿时声泪俱下，全座为之动容。"

叶公超在《志摩的风趣》中大致记述了徐志摩当时的生活状态："他是难得的一个永不败兴的人。无论做什么事情，他的兴致总比别人来得高……组织新月社，编辑《晨报副刊》，筹办新月书店都是他最热心最起劲的事。这团体的事，志摩，他是不辞劳苦的。大家都不愿干的事，总是推到他头上去，而他也独有勇气去接受，去敲上锣鼓再说。"因了"永不败兴""不辞劳苦"的徐志摩，新月社渐渐从一个应景的小团体，发展为一个大社团，而后来的新月社以探索新诗为主，为我国新诗的发展起到了极大的推动作用。在这一点上，徐志摩是功不可没的。

与徐志摩甫一归国便忙碌起来不同，纳兰容若高中进士后，久无委任，直至半年以后，他才被封作三等侍卫。自此，纳兰容若开始了他的扈驾生涯。

在等待委任的这段时间里，纳兰容若专心研究学问，并不断处理《通志堂经解》各项后续事宜。这一年的春夏间，顾贞观来到京城。经徐元文、严绳孙等人介绍，纳兰容若与顾贞观相识。此后，二人结下了深厚的情谊。

一六七六年七夕前后，纳兰容若终于被委以三等侍卫之职。其时的纳兰容若，很难说清他内心的真实情感，他既欲一展鹏翅九万里，但御前侍卫之职明显不是他想要的，尽管在别人看来，这是个无比荣光的职务。而他浸润诗文久矣，若是个汉人子弟，必能做个庶吉士，尽管职位不高，但也乐得自在逍遥。不似这御前侍卫，不但伴君如伴虎，而且无非皇帝的跟班和奴才而已，实在压抑极了。

任侍卫不久，纳兰容若便扈驾出巡塞外。关于这第一次扈驾，纳兰容若内心是颇为复杂的，其时填了《台城路》一阕，可见其心迹。

台城路·塞外七夕

纳兰容若

白狼河北秋偏早，星桥又迎河鼓。

清漏频移，微云欲湿，正是金风玉露。

两眉愁聚。待归踏榆花，那时才诉。

只恐重逢，明明相视更无语。

人间别离无数，向瓜果筵前，碧天凝伫。

连理千花，相思一叶，毕竟随风何处。

羁栖良苦，算未抵空房，冷香啼曙。

今夜天孙，笑人愁似许。

这是一首七夕词。众所周知，古来七夕之作不少，但将七夕与边塞结合起来的，却很鲜有。纳兰容若的《台城路》，初见以为是怀人之作，金风玉露、空房等意象亦可证之，但再结合纳兰容若的复杂情绪，则可推断出这阕词亦表达了他郁郁不得志的心思。

若纳兰容若只欲做个闲差，只想继续攻读经史，著书立说，而后干出实绩，借之出将入相，那么“只恐重逢，明明相视更无语”则可谓入骨入心了。曾经他与闲差如此之近，正是“金风玉露”之时，不料不能遂愿，以致“两眉愁聚”。空空落落的内心仿佛一间“空房”，而自己仿佛一叶，哪怕思之如狂，但只能随风而去。因此，入夜的时候，内心惆怅，只能“笑人愁似许”。

不过，这一年，幸好有文事润泽，纳兰容若的心花不至于彻底枯萎。是年，纳兰容若与顾贞观合编《今词初集》。

《今词初集》是清代初年颇有特色的一部词选，编于一六七六年，刻成于一六七七年。这部词选仅有二卷，选录清代立国以来三十年间一百八十四位词人的词作，共六百余阕，能较全面地反映清代初年词坛发展的趋势。

这一年，纳兰容若创作颇丰，写下了《记征人语》《长安行赠叶纫庵庶子》《送马云翎归江南》《眼儿媚·中元夜有感（手写香台金字经）》《南乡子·烟暖雨初收》《菩萨蛮·新寒中酒敲窗雨》《天仙子·梦里蘼芜青一翦》《浪淘沙·红影湿幽窗》《生查子·东风不解愁》等诗词。

一六八二年二月，纳兰容若扈从康熙帝祭奠祖陵。其时，沙皇俄国发展迅猛，其指爪已伸至东北，故康熙帝借此巡察边界，意欲防御沙皇俄国的侵犯。此次祭祖之行阵势颇大，出巡队伍分前、后、左、右、中五军，太子、后妃、亲王、重臣、朝廷贵戚、侍从兵丁等约七万人随同。十余天后，纳兰容若远顾长城，有感而发，填《浣溪沙·姜女庙》一阕，以抒抚今追昔之怀：“海色残阳影断霓，寒涛日夜女郎祠，翠钿尘网上蛛丝。澄海楼高空极目，望夫石在且留题，六王如梦祖龙非。”

一六八二年三月，祭奠队伍过大兀喇（吉林城）、小兀喇（今吉林市龙潭区乌拉街镇），因叶赫那拉部发迹于小兀喇，故纳兰容若内心颇为灼烈，为此，他又填了一阕《浣溪沙》。在这阕小令中，纳兰容若不仅回顾了昔日祖先在此浴血征战的历史，因失眠而辗转反侧的情绪也得到了委婉体现。

浣溪沙·小兀喇

纳兰容若

桦屋鱼衣柳作城，蛟龙鳞动浪花腥，飞扬应逐海东青。

犹记当年军垒迹，不知何处梵钟声，莫将兴废话分明。

任侍卫期间，纳兰容若扈驾东巡，先后到了山海关、盛京、松花江、宁古塔等地。若说扈驾无非随行保护皇帝，无甚趣味，亦无多大功绩，那么侦察敌情则显得颇为重要和有意义了。

一六八二年八月，为进一步了解实际情况，东巡回来不久的康熙帝命副都统郎坦、彭春和萨布素以捕鹿为名，率兵渡黑龙江，侦察雅克萨的地形和敌情。由于纳兰容若跟随康熙帝已久，颇得信赖，故亦受命随郎坦一行前往侦察。康熙帝对此事进行了详密安排：

罗刹犯我黑龙江一带，侵扰虞人，戕害居民，昔发兵进讨，未获剪除，历年已久。近闻蔓延益甚，过牛满、恒滚诸处，至赫哲、飞牙喀虞人住所，杀掠不已。尔等此行，除自京遣往参领、侍卫、护军外，合毕力克图等五台吉率科尔沁兵五百名，宁古塔副都统萨布素等率兀喇、宁古塔兵八十名，谕以捕鹿之故，一面详视陆路近远，沿黑龙江行围。经薄雅克萨城下，勘其居址形势。度罗刹断不敢出战，若以食物来馈，其受而量答之。万一出战，姑勿交锋，但率众引还，朕别有区画。尔等还时，须详视自黑龙江至额苏里舟行水路；及已至额苏里，其路直通宁古塔者，更择随行之参领、侍卫，同萨布素往视之。

听闻此事，纳兰容若的好友纷纷前来相送。其师徐乾学认为此行虽是立功的好机会，亦生死难测，故作《送行诗》一首，嘱其万事小心："丁零逾鹿塞，勅勒过龙沙。绝漠三秋暮，穷阴万里赊。行边依羽箭，乘障咽雪笳。地轴图经一，车书总一家。”其好友姜宸英更是随行送纳兰容若到了北京城外，于营帐饮酒笑谈之后，于次日清晨回去。其时，姜宸英赋《宿燕郊，送容若奉使西域》一诗赠予纳兰容若：“吹笳日落乱山低，帐饮连宵惜解携。别梦已惊千里雁，征心唯听五更鸡。侍中诏许离丹禁，都护声先过月题。今看乌孙早入质，蒲桃苜宿正东西。”

纳兰容若一行来到梭龙地区后，与朝廷守边将士共同行动，并在当地达斡尔族居民的协助之下，最终出色地完成了这一任务。

纳兰容若将侦察到的地形、敌情等情况绘制成画册。回京以后，康熙帝亦因此事，对纳兰容若着重褒奖了一番，并擢升纳兰容若为一等侍卫。此行途中，纳兰容若作了《临江仙·永平道中》《临江仙·卢龙大树》《采桑子·塞上咏雪花》《青玉案·宿乌龙江》《唆龙与经岩叔夜话》等大量作品。

扈驾多年，纳兰容若早已没有了当年的志气。出警入跸的枯燥生活，亦教纳兰容若愈加想要过属于自己的生活。所幸，纳兰容若结识了一大批文人骚客，这些润泽心灵的“春雨”，让纳兰容若的生活多了几分生色。

在与众多文人交往的过程中，纳兰容若听闻了许多奇闻逸事，连同自己研读经史的所思所感，一并记录了下来，后来，辑成一部笔记式的图书，即世人熟知的《渌水亭杂识》。

渌水亭是纳兰容若在京郊的一处住所。纳兰容若取流水清澈、淡泊、涵远之意，以水为友，以水为伴，故取名为渌水亭。他曾赋诗云："野色湖光两不分，碧云万顷变黄云。分明一幅江村画，着个闲亭挂夕曛。"在渌水亭，纳兰容若或吟诗填词，或研读经史，或修养身心，或与友雅集。由于《渌水亭杂识》多作于此处，故以此亭命名。

《渌水亭杂识》内容繁多，涉及政治、经济、历史、文化、文学、自然科学、社会生活，等等，因属于随笔性质，篇幅短小，灵活多样，作者可以任性为之，故颇能真实反映纳兰容若的性情与学识。梁启超曾评价《渌水亭杂识》说："偶评政俗人物，亦有见地"。有人则盛赞撰写此书的纳兰容若："偏偏一浊世公子，有此器识，且出自满洲，岂不异哉！"

《今词初集》《渌水亭杂识》颇见纳兰容若在文事方面的能力，徐志摩亦不逊之。

留学归来不久的徐志摩，起先欲办《理想月刊》，成立新月社后又想办《新月周刊》，俱因故未能实现，故而接到主持《晨报副镌》的邀请时，未做丝毫犹豫便应允了。

《晨报副镌》是"五四"运动时期的四大副刊之一，前身为北

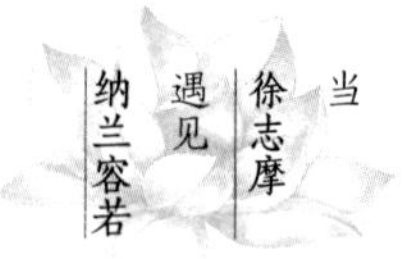

京《晨钟报》和《晨报》第七版，主要刊载小说、诗歌、散文随笔等文学作品。据统计，鲁迅在《晨报副镌》上刊发了五十余篇作品，包括《阿Q正传》《不周山》《肥皂》等。《晨报副镌》最初叫《晨报附镌》，由孙伏园请鲁迅所起，后因写报头的书法家将之写为“晨报副镌”，便一直沿用下来，直至徐志摩接任孙伏园后，改名为《晨报副刊》。

《晨报副镌》初时风头十足，没过几年便因各种原因遇到了危机。一九二四年十月，孙伏园辞去主编一职后，须再选一名主编主持日常事务。其时，徐志摩待人热情、文笔活泼，对组织、协调诸事亦颇擅长，其文学理想亦合《晨报副镌》的办刊要求。在此情形下，徐志摩接任《晨报副镌》主编一职，成了自然而然之事。《晨报副镌》经过一段群龙无首的日子之后，于一九二五年十月一日，被徐志摩正式接手。

徐志摩甫一上任，便在《晨报副刊》第一期发表了《我为什么来办，我想怎么办》一文，他说：“我绝不是一个会投机的主笔，迎合群众心里（理），我是不来的，谀附言论界的权威者我是不来的，取媚社会的愚暗与偏浅我是不来的。我来只是我自已，我只对我自己负责任，我不愿意说的话你逼我求我我都不说的，我要说的话你逼我求我都不能不说：我来就是一个全权的记者……

我接受编辑《晨副》的机会，就为这不单是机械性的一种任务。《晨报》变了我的喇叭，从这管口里我有自己吹弄我古怪的不调谐的音调，它是我的镜子，在这平面上描画出我古怪的不调谐的形状……我想拼这一天，把我的血肉与灵魂，放进这现实世界的磨盘里去挨，锯齿下去拉——我就要尝那味儿！只有这样，我想，才可以期望我主办的刊物多少是一个有生命气息的东西；才可以期望在作者与读者间发生一种活的关系；才可以期望读者们觉得这一长条报纸与黑的字印的背后，的确至少有一个活着的人与一个动着的心，他的把握是在你的腕上，他的呼吸吹在你的脸上，他的欢喜，他的惆怅，他的迷惑，他的伤悲，就比是你自己的，的确是从一个可认识的主体上发出来的变化——是站在台上人的姿态，——不是投射在白幕上的虚影。”

在《晨报副刊》第二期上，徐志摩又发表了《迎上前去》一文，以再次强调自己的决心和勇气：“在我这‘决心做人，决心做一点认真的事业’，是一个思想的大转变；因为先前我对这人生只是不调和不承认的态度，因为我与这现实世界并没有什么相互的关系，我是我，它是它，它不能责备我，我也不批评它。但我决心做人的宣言却把我放进了一个有关系、负责任的地位，我再不能张着眼睛做梦，从今起得把现实当现实看：我要来察看，我要来检查，我要来清除，我要来颠扑，我要来挑战，我要来破坏。”徐志摩期望借此刊物，让人们张开眼睛看世界，学会思考，学会面对现实生活。

为扩大《晨报副刊》的影响力，徐志摩邀请一大批著名学者、作家前来助阵，梁启超、胡适、傅斯年、陈西滢、闻一多、郁达夫、沈从文、庐隐、蹇先艾等为其创作了大量评论文章及文学作品。至此，在徐志摩的努力下，《晨报副刊》面目一新。

《晨报》第七版改革之后，《民国日报》《时事新报》相继改革，在一定意义上，《晨报副刊》开了中国现代报纸副刊进行民主性改革的先河。《晨报副刊》在宣传新思想、倡导新诗、译介国外作品方面做出了杰出贡献，成为风骚一时的报刊。

此是徐志摩颇为人称道的一件文事，另一件文事也与《晨报副刊》相关。

徐志摩主编《晨报副刊》期间，还同闻一多、于赓虞等人创办了《诗镌》和《剧刊》。《诗镌》的创办，直接推动了当时新诗运动的发展。

一九二三年，刘梦苇凭借诗作《吻之三部曲》蜚声诗坛，由此，他的身边聚集了闻一多、蹇先艾、于赓虞和朱大相等诗人。此后的一次聚会上，刘梦苇提议大家创办一个诗刊，为新诗运动提供阵地，大家都表示同意。但当时创办诗刊颇为困难：一则北洋军阀段祺瑞当权，极力排斥新文学运动；二则资金不足。在此情形下，有人提议寻一个报纸副刊，以出周刊的形式化解难题。而闻一多素与徐志摩往来频繁，关系亦好，便去寻徐志摩商议此事。徐志摩本就写诗，对当时新诗形势亦颇不满，于是一拍即合，并着手创办的各项事宜。

一九二六年三月二十七日，大家在闻一多家中聚会，此次聚会达成了《诗镌》的创刊目的，即“使诗的内容及形式双方表现出美的力量，成为一种完美的艺术”。徐志摩在《诗刊弁言》一文中详述了此次聚会：“我早在三两天前才知道闻一多的家是一群新诗人的乐窝，他们常常会面，彼此互相批评作品，讨论学理。上星期六我也去了。一多那三间画室，布置的意味先就怪。他把墙壁涂成一体墨黑，狭狭的给镶上金边，像一个裸体的非洲女子手臂上脚踝上套着细金圈似的情调。有一间屋子朝外壁上挖出一个方形的神盒，供着的，不消说，当然是米鲁薇纳丝（米洛斯的维纳斯）一类的雕像。他的那个也够尺外高，石色黄溜溜的像蒸熟的糯米，衬着一体黑的背景，别饶一种淡远的梦趣，看了叫人想起一片倦阳中的荒芜的草原，有几条牛尾几个羊头在草丛中掉动……这是一多手造的阿房，确是一个别有气象的所在……难怪一多家里见天有那些诗人去团聚——我羡慕他！我写那几间屋子因为它们不仅是一多自己习艺的背景，它们也就是我们这诗刊的背景，这搭题居然被我做上了；我期望我们将来不致辜负这制背景人的匠心，不辜负那发糯米光的爱神，不辜负那戴金圈的黑姑娘……”由此可见，早在《诗镌》创刊以前，闻一多家便成了诗人的聚集地，诗人们在此觥筹交错，亦在此互换思想，共沐诗的圣洁的光芒。

一九二六年四月一日，《诗镌》第一期问世。《诗镌》每逢星期四出刊，并采取编辑轮流制，由徐志摩、闻一多等人轮流编辑。徐志摩在第一期《诗镌》上的发言，亦是《诗镌》同仁的宣言：“我们的大话是：要把创格的新诗当一件认真的事情做……再说具体一点，我们几个人都共同着一点信心：我们信诗是表现人类创造力的一个工具，与音乐美术是同等性质的；我们信我们这民族这时期的精神解放或精神革命没有一种像样的诗式的表现是不完全的；我们信我们自身心灵里以及周遭空气里多的是要求投胎的思想的灵魂，我们的责任是替它们构造适当的躯壳，这就是诗文与各种美术的新格式与新音节的发现；我们信完美的形式是完美的精神唯一的表现；我们信文艺的生命是无形的灵感加上有意识的耐心与勤力的成绩；最后我们信我们的新文艺，正如我们的民族本体，是有一个伟大美丽的将来的。”

梁实秋曾评价《诗镌》：“在北京《晨报》上办的《诗刊》，应该是新诗运动里一个可纪念的刊物。”沈从文亦说：“中国新诗的成绩，以此时为最好。新诗标准的完成，也应数及此时诗会诸作者之作品。”《诗镌》的创刊，掀起了追求形式完美的浪潮，其探索之意义，是不容忽视的。且《诗镌》直接促进了新月社向新月诗派转变，新月诗派聚集了当时最为优秀的大部分诗人。

徐志摩编《晨报副刊》及《诗镌》，颇似纳兰容若主持《通志堂经解》和参与编著《今词初集》。二人在文事上下功夫的同时，亦不忘锤炼自身本领。

徐志摩另有两事，亦颇有趣。

徐志摩甫一上任，便在《晨报副刊》上刊载了陈启修的《帝国主义有白色和赤色之别吗？》一文，文章提出“帝国主义是我们的敌人，假如认苏联为赤色帝国主义，那就恰恰中了帝国主义者移转目标之计”，认为苏联不是帝国主义，而是中国的朋友。徐志摩在《记者的声明：“仇友赤白的仇友赤白”讨论前言》中表明：“这回的问题，说狭一点，是中俄邦交问题；说大一点，是中国将来国运问题，包括国民生活全部可能的变态。”嗅觉敏锐的徐志摩有意扩大战场，由此引发了一场长达两个多月的苏俄论战。

苏俄论战乃是一场政见之争，或许不足道也，但徐志摩引发的一场闲话之争，则让一干文人深陷其中。

一九二六年一月十一日，徐志摩本欲写一篇关于法郎士的文章，以充《晨报副刊》下一期的稿源，不巧看到好友陈西滢在《现代评论》“闲话”专栏刊发的文章《法郎士先生的真相》，于是灵机一动，写了《“闲话”引出来的闲话》一文。

本来陈西滢的这篇文章无甚争议，但徐志摩的文章意外地将其推上了风口浪尖。徐志摩称赞此文是“可羡慕的妩媚的文章”，称赞陈西滢是“分明私淑法郎士的，也不止写文章一件事——除了他对女性的态度，那是太忠贞了，几乎叫你联想到中世纪修道院里穿长袍喂鸽子的法兰西派的‘兄弟’们……西滢就他学法郎士的文章说，我敢说，已经当得起一句天津话：‘有根’了。”

向来温和待人的周作人见了徐志摩的文章，禁不住写了一篇《闲话的闲话之闲话》，并寄给了徐志摩。此篇文章被徐志摩刊登在了一月二十日《晨报副刊》的头条上，并在文后写了《再添几句闲话的闲话乘便妄想解围》，声称自己评价陈西滢“对女性忠贞”，只是想起陈西滢平素“与女性周旋的神情，压根儿也没想起女师大一类的关系”。

关于徐志摩提到的女师大的事情，周作人的文章亦有提及。

一九二四年秋天，以鲁迅、周作人为代表的女师大教授联名发表《对于北京女子师范大学风潮宣言》一文，公开支持学生们反对校长杨荫榆与段祺瑞政府勾结。以陈西滢为代表的“现代评论派”认为此次风潮是某些幕后者利用学生达到个人目的，认为其宣言不过是“粉刷毛厕”。对此，周作人作《京兆人》、鲁迅作《我的“籍”和“系”》以回应。此后，双方以《京报副刊》《莽原》周刊及《现代评论》周刊为阵地，展开激烈论战。

在《“闲话”引出来的闲话》中，徐志摩流露出了对陈西滢的同情：“西滢是个傻子。他妄想在不经心的闲话里主持事理的公道，人情的准则。他想用讥讽的冰屑刺灭时代的狂热……最近他讨论时事的冰块已经关不住它那内蕴或外染的热气……冰水化成了沸液，可不是玩，我暗暗地着急。”不料这丝无意间的同情，竟为尚未平息的女师大论争之事火上浇油，于是，《晨报副刊》成为论争战场，诸多文人在此“口诛笔伐”。

最终，这场闲话之争，以鲁迅作文结束。鲁迅在《我还不能“带住”》中写道：“闲话问题，本与我没有什么鸟相干，‘带住’也好，放开也好，拉拢也好，自然大可以随便玩把戏。但是，前几天不是因为‘令兄’关系，连我的‘面孔’都攻击过了么？我本没有去‘混斗’，倒是株连了我。现在我还没有怎么开口呢，怎么忽然又要‘带住’了？……我自己也知道，在中国，我的笔要算较为尖刻的，说话有时也不留情面。但我又知道人们怎样地用了公理正义的美名，正人君子的徽号，温良敦厚的假脸，流言公论的武器，吞吐曲折的文字，行私利己，使无刀无笔的弱者不得喘息。倘使我没有这笔，也就是被欺侮到赴诉无门的一个；我觉悟了，所以要常用，尤其是用于使麒麟皮下露出马脚。”

曾有人言：“这场闲话之争看上去只是文人间的意气之争，但实际上却是日本留学生与英美留学生这两个派别不同理念的论争。作为论争主要战场的《晨报副刊》也将之前相对松散的新月派文人紧密联系起来，使得新月派渐渐与文学研究会、创造社一起成为我国现代文学史上一个重要的文学团体。”此论颇为公允。

与徐志摩风起云涌的事业相比，纳兰容若的事业可谓波澜不兴。终其一生，纳兰容若也仅做了一等侍卫，此后再无迁升。

纳兰容若时常置身于皇帝和大臣之间，见惯了尔虞我诈，但实在不适应官场生活，故而身为清廷权臣纳兰明珠的长子，却一直仕途失意。随着年岁渐长，身体亦多受疾病折磨，郁郁不得志的纳兰容若，终于生发了归隐之心。这个想法，在《拟古诗》第十首中得到明确表达。

拟古诗（其十）

纳兰容若

天地忽如寄，人生多苦辛。

何如但饮酒，邈然怀古人。

南山有闲田，不治委荆榛。

今年适种豆，枝叶何莘莘。

豆实既可采，豆秸亦可薪。

欲自由而不得，被侍卫身份束缚的翩翩佳公子纳兰容若，只能寄情于诗词之间，而其对陶渊明归去来兮式的田园生活，则愈加向往了。

一六八三年，康熙帝决定南巡。次年九月，南巡队伍沿京杭大运河向江南进发，纳兰容若作为一等侍卫，不得不再次扈驾出行。

此次南巡，有一事颇为“有趣”。此前，清朝统治者为稳定统治，曾在江南制造了“扬州十日”“嘉定三屠”等惨绝人寰的大屠杀，由是江南百姓与大清朝廷的矛盾颇为尖锐。康熙帝熟读诗文，对扬州十分向往，但扬州是“扬州十日”的发生地，当地人对清政府十分抵触，故而康熙帝不敢贸然进城，只能在船头远远观望了一夜。次日，康熙帝实在受不住诱惑，便在重兵保护之下，匆匆游览了栖灵寺、平山堂和江天寺。

初到江南的纳兰容若，亦颇向往江南美景。此前扈驾之时，纳兰容若不知所乐，故而于作品中时常怀古伤今，流露出厌倦的情绪。但至江南以后，其作品明显轻快了许多，在过南京、苏州、无锡、扬州、镇江等地时，纳兰容若一鼓作气填了十阕《梦江南》。

梦江南·江南好

纳兰容若

江南好，建业旧长安。紫盖忽临双鹢渡，翠华争拥六龙看。雄丽却高寒。

江南好，城阙尚嵯峨。故物陵前唯石马，遗踪陌上有铜驼。玉树夜深歌。

江南好，怀古意谁传。燕子矶头红蓼月，乌衣巷口绿杨烟。风景忆当年。

江南好，虎阜晚秋天。山水总归诗格秀，笙箫恰称语音圆。谁在木兰船。

江南好，真个到梁溪。一幅云林高士画，数行泉石故人题。还似梦游非。

江南好，水是二泉清。味永出山那得浊，名高有锡更谁争。何必让中泠。

江南好，佳丽数维扬。自是琼花偏得月，那应金粉不兼香。谁与话清凉。

江南好，铁瓮古南徐。立马江山千里目，射蛟风雨百灵趋。北顾更踌躇。

江南好，一片妙高云。砚北峰峦米外史，屏间楼阁李将军。金碧矗斜曛。

江南好，何处异京华。香散翠帘多在水，绿残红叶胜于花。无事避风沙。

其时的江南，灵秀，富饶。江南自古便是鱼米之乡，且古今名士亦多聚集于此，故而江南不仅风光秀美，人文底蕴亦十分深厚。唐代诗人白居易曾作《忆江南》：“江南好，风景旧曾谙。日出江花红胜火，春来江水绿如蓝。能不忆江南？”唐末诗人韦庄《菩萨蛮》云：“人人尽说江南好，游人只合江南老。春水碧于天，画船听雨眠……”宋代诗人苏轼《过岭二首（其二）》云：“七年来往我何堪，又试曹溪一勺甘。梦里似曾迁海外，醉中不觉到江南。”明末清初诗人王夫之《摸鱼儿·潇湘小八景词（其四）》亦云："莫浪语，西子湖头难又。锦屏十里香透。繁华满目江南梦，约略送愁时候。"置身于江南美景之中，纳兰容若在如画山水间，情不自禁地游目骋怀了一番。

纳兰容若的这组《梦江南》，效仿了欧阳修歌咏颍州西湖的十首《采桑子》的写法，整组词作大体分合有致，在一如既往的隽秀超逸中，亦有别样的风采。

此番江南之行，解纾了纳兰容若不少的烦闷，这是纳兰容若难得的静好日子，这一年，纳兰容若才思如泉涌，创作了《扈跸霸州》《题赵松雪鹊华秋色图》《圣驾临江恭赋》《虎阜》《江行》《平原过汉樊侯墓》《扈从东岳礼成恭纪》《金陵》《病中过锡山》《泰山》《曲阜》《秣陵怀古》《平山堂》《江南杂诗》等诗词。

失意中亦有得意，得意中亦有失意。纳兰容若仕途失意，但填词上颇为得意；徐志摩事业上得意，在新诗的创作中不断摸索、前行，得意与否，尚不可知。

也许恰如纳兰容若写的《虞美人》那样："几番离合总无因，赢得一回僝僽一回亲。"离合，是分分合合，亦是是是非非；是喜怒哀乐，亦是失意与得意。它们总是相互倾轧着，教人一时哭一时笑，一时欢喜一时愁。不过，只要走过去了，再回首时，思量前事，不妨心有香笺字，倚花看斜阳。

几回夜月忆知交

早在留学英国之时，徐志摩便与英国大作家威尔斯相识了。其时，陈西滢、章士钊拜访徐志摩，同行者还有威尔斯，四人相谈甚欢。此后，威尔斯便与徐志摩熟络起来，并经常邀请徐志摩到自己家做客。

赫伯特·乔治·威尔斯，一八六六年生，英国著名小说家、政治家、社会学家、历史学家。一八九五年出版《时间机器》，名声大噪，随后又发表了《莫洛博士岛》《隐身人》《星际战争》等多部科幻小说。

威尔斯创作了一百多部作品，内容涉及科学、文学、历史、社会及政治等多个领域，是现代最多产的作家之一。

徐志摩第一次去威尔斯家时，还没进门，威尔斯便出来迎接，并将其引入屋里。其时，威尔斯已经五十多岁了，但精神甚好，正在同时撰写三部作品。午饭后，威尔斯邀请徐志摩到华维克花园散步，二人边走边聊，他希望徐志摩能够将中国的文学作品翻译成英文，由他联系英国出版社出版。随后，二人打球、喝威士忌，直至深夜。颇为有趣的是，在花园散步时，一道篱笆拦住了去路，不服老的威尔斯欲跳过去，结果却被绊倒了，衣服也被扯破了，不过威尔斯兴致极好，爬起来拍拍裤子，继续和徐志摩边走边谈。

经威尔斯介绍，徐志摩认识了在大英博物馆任职的魏雷。魏雷主要研究中国文学，因此二人时常聚到一起研讨文学问题。一九四〇年，魏雷在《欠中国一笔债》一文中，表达了对徐志摩的感激："我们对中国的文学艺术所知已不少了，也略懂二者在古代中国人中所起的作用。但我们却不太清楚文学艺术这些东西在现代中国有教养的人士中的地位如何。我们从徐志摩身上所学到的，就是这方面的知识……我已说过了，徐志摩是中国在战后给我们知识界的一项影响。"

后来，因缘际会之下，徐志摩结识了狄更生。早在美国留学之时，徐志摩便读过狄更生的作品，而之前亦见过一次，只是那时候，还无缘相识。徐志摩在《我所知道的康桥》一文中，记述了二人相识的过程："我在伦敦政治经济学院里混了半年，正感着闷想换路走的时候，我认识了狄更生先生。狄更生（Galsworthy Lowes Dickinson）是一个有名的作者，他的《一个中国人通信》（*Letters from John Chinaman*）与《一个现代聚餐谈话》（*A Modern Symposium*）两本小册子早得了我的景仰。我第一次会着他是在伦敦国际联盟协会席上，那天林宗孟先生演说，他做主席；第二次是宗孟寓里吃茶，有他。"

G.L.狄更生，一八六二年生，英国学者，英国皇家学院终身研究员，主要著作有《现代法国中的革命和反应》《十九世纪国会的发展》《希腊人的生活观》等。狄更生是一位深谙西方历史的学者，后来对中国产生了浓厚兴趣。出于对中国文化的深切热爱，狄更生于十九世纪二十年代初开始，以一个地道中国人的口吻，撰写了一系列信札，后来结集为《"中国佬"信札》并出版。

狄更生聪颖、风趣，慈祥且无私，故而徐志摩与他走得很近。徐志摩经常去狄更生住处寻他，有时狄更生不在，徐志摩就坐在门口等他回来，呆坐几个钟头也是常有的事。后来，在致傅来义的信笺中，徐志摩还不无深情地怀念起狄更生："英伦的日子永不会使我有遗憾之情。将来有一天我会回念这一段时光，并会忆想到有幸结交了像狄更生和你这样伟大的人物，也接受了启迪性的影响，那时候，我不知道自己是否会动情下泪。"傅来义是英国颇有名气的新派画家，正是在狄更生和傅来义的影响下，徐志摩逐渐开阔视野，也不断提高了现代审美能力，对艺术愈加痴迷。

在英期间，徐志摩与瑞恰慈、欧格敦、萧伯纳、嘉本特等诸多名流相交，而女作家曼殊斐儿，则更不能不提。

曼殊斐儿，一八八八年生，英国女作家，生于新西兰的惠灵顿，年轻时到英国伦敦求学，后在英国定居，主要作品有《幸福》《花园茶会》等。

一九二二年七月，经曼殊斐儿丈夫麦雷邀请，徐志摩冒雨前往彭德街十号拜访曼殊斐儿一家。

在此之前，徐志摩业已读过曼殊斐儿的《幸福》和《花园茶会》，他曾如此盛赞这两部小说集："凭这两部书里的二三十篇小说，她已经在英国的文学界里占了一个很稳固的位置，一般的小说只是小说，她的小说却是纯粹的文学，真的艺术；平常的作者只求暂时的流行，博群众的欢迎，她却只想留下几小块'时灰'掩不暗的真晶，只要得少数知音者的赞赏。"

冒雨赴约，颇见徐志摩对曼殊斐儿的景仰之情。不过，其时，曼殊斐儿因病不能下楼见客，至晚上十时半仍未得见，由于时间太晚，徐志摩只好告辞。麦雷见徐志摩颇为失落，亦颇不舍，便说“如果你不介意，不妨请上楼一见”，于是，惊喜的徐志摩，便跟着上了楼去。

徐志摩在《曼殊斐儿》一文中，记下了他所见到的曼殊斐儿：“她也是铄亮的漆皮鞋，闪色的绿丝袜，枣红丝绒的围裙，嫩黄薄绸的上衣，领口是尖开的，胸前挂一串细珍珠，袖口只齐及肘弯。她的发是黑的，也同密司B一样剪短的，但她栉发的式样，却是我在欧美从没有见过的，我疑心她有心仿效中国式，因为她的发不但纯黑而且直而不卷，整整齐齐的一圈，前面像我们十余年前的‘刘海’梳得光滑异常，我虽则说不出所以然，我只觉她发之美也是生平所仅见。至于她眉目口鼻之清之秀之明净，我其实不能传神于万一，仿佛你对着自然界的杰作，不论是秋月洗净的湖山，霞彩纷披的夕照，南洋里莹澈的星空，或是艺术界的杰作，培德花芬的沁芳南，怀格纳的奥配拉，密克朗其罗的雕像，卫师德拉或是柯罗的画；你只觉得他们整体的美，纯粹的美，完全的美，不能分析的美，可感不可说的美；你仿佛直接无碍地领会了造作最高明的意志，你在最伟大深刻的戟刺中经验了无限的欢喜，在更大的人格中解化了你的性灵，我看了曼殊斐儿像印度最纯澈的碧玉似的容貌，受着她充满了灵魂的电流的凝视，感着她最和软的春风似的神态，所得的总量我只能称之为一整个的美感。”

此次会面仅有二十分钟，徐志摩却将之称为“那二十分不死的时间”。正是这二十分钟，让徐志摩淡化了对政治的兴趣，从而走上了文学创作的木桥。

“她说她方才从瑞士回来，在那边和罗素夫妇的寓处相距颇近，常常谈起东方好处，所以她原来对于中国的景仰，更一进而为爱慕的热忱。她说她最爱读Arthur Waley所翻的中国诗，她说那样的诗艺在西方真是一个wonderful revelation（奇妙的启示）。她说新近Amy Lowell译得很使她失望，她这里又用她爱用的短句——‘That's not the thing（不是这个意思）！’她问我译过没有，她再三劝我应得试试，她以为中国诗只有中国人能译得好的。”可见曼殊斐儿对中国文学颇为热爱。

徐志摩在会面时说希望翻译曼殊斐儿的作品，曼殊斐儿高兴地说非常愿意，但也担心自己的著作不值得翻译。在取得作者本人认可后，徐志摩先后翻译了曼殊斐儿的九篇小说和三首诗歌，这也算是徐志摩对曼殊斐儿的一个交代了。

“末了我说恐怕她已经倦了，深恨与她相见之晚，但盼望将来还有再见的机会，她送我到房门口，与我很诚挚地握别……”不料此别即永诀，一九二三年一月九日，曼殊斐儿因病去世。此亦如徐志摩自己所言：“那就是我初次，不幸也是末次，会见曼殊斐儿。”曼殊斐儿是徐志摩心目中的“完美女神”，不料世事无常，女神故去，徐志摩难解胸中惆怅，于是写诗悼之。

哀曼殊斐儿

徐志摩

我昨夜梦入幽谷，

听子规在百合丛中泣血。

我昨夜梦登高峰，

见一颗光明泪自天坠落。

罗马西郊有座墓园，

芝罗兰静掩着客殇的诗骸；

百年后海岱士（hades）黑辇之轮，

又喧响于芳丹卜罗榆青之间。

说宇宙是无情的机械，

为甚明灯似的理想闪耀在前；

说造化是真善美之创现，

为甚五彩虹不常住天边？

我与你虽仅一度相见——

但那二十分不死的时间！

谁能信你那仙姿灵态，

竟已朝露似的永别人间？

非也！生命只是个实体的幻梦；

美丽的灵魂，永承上帝的爱宠；

三十年小住，只似昙花之偶现，

泪花里我想见你笑归仙宫。

你记否伦敦约言，曼殊斐儿！

今夏再见于琴妮湖之边；

琴妮湖永抱着白朗矶的雪影，

此日我怅望云天，泪下点点！

我当年初临生命的消息，

梦觉似的骤感恋爱之庄严；

生命的觉悟是爱之成年，

我今又因死而感生与恋之涯沿！

因情是掼不破的纯晶，

爱是实现生命之唯一途径：

死是座伟秘的洪炉，此中

凝炼万象所从来之神明。

我哀思焉能电花似的飞骋，

感动你在天日遥远的灵魂？

我洒泪向风中遥送，

问何时能戡破生死之门？

韩石山在《徐志摩传》中说道：“罗素给了他敏锐的社会意识，曼殊斐儿给了他纯正的艺术感觉。多少年后创办《新月》月刊时，他代新月派同仁提出的尊严与健康这一人生命题，可说是从罗素与曼殊斐儿这里肇始的。”

在英国时期的朋友，让徐志摩寻到了属于自己的路，而回国后相处的朋友，则是让徐志摩不断寻找与坚持自己理想的同伴。

徐志摩最先认识的是郁达夫。

郁达夫，一八九六年生，浙江富阳人氏。一九一一年转入杭州府中学堂，与徐志摩成为同学，后又转至他校。一九一三年赴日留学，一九一九年考入东京大学。一九二二年回国，与郭沫若等创办创造社。郁达夫积极参与各种反帝抗日活动，先后在上海、武汉、福州等地从事抗日救国宣传活动，后流亡苏门答腊，一九四五年八月二十九日，被日军杀害于苏门答腊丛林。一九五二年，郁达夫被中华人民共和国中央人民政府追为革命烈士。一九八三年，民政部授予其革命烈士证书。其代表作有《怀鲁迅》《故都的秋》《春风沉醉的晚上》等。

徐志摩回国后，郁达夫即在上海同兴楼为徐志摩接风洗尘。此后，二人往来频繁，而徐志摩的行事，郁达夫莫不知晓，他曾在《志摩在回忆里》自称是徐志摩的“命运的热烈的同情旁观者”。

二人之间的琐事甚多，不提也罢，倒是徐志摩与陆小曼的事情正闹得满城风雨之际，郁达夫对徐志摩颇为支持，并言：“假如我马上要死的话，在我死的前头，我就只想作一篇伟大的史诗，来颂美志摩和小曼。”一九二一年以后，二人住所颇近，于是往来便更频繁。

初至英国，徐志摩便与陈西滢相识了。

陈西滢，江苏无锡人氏。十六岁赴英留学，先后进入爱丁堡大学和伦敦大学学习。一九二二年回国，在北京大学执教。后来，梁实秋将他与胡适、鲁迅、周作人、徐志摩并称为五四以来五大散文家。一九七〇年，陈西滢病逝于伦敦。

陈西滢与徐志摩于同一年回国，又同在北京，因此交往亦颇频繁。一九二一年，蔡元培访问英国，其时，北大学生开会欢迎，二人同去。后伦敦大学政治学教授怀拉斯请蔡元培至其府上茶叙，二人陪蔡元培同去，做翻译工作。

作为好友，二人相交甚笃，故而对于徐志摩，陈西滢颇为敢言。陈西滢颇喜徐志摩的文字，认为徐志摩的文字深受西洋影响，但绝非一般的所谓的欧化文字。他觉得徐志摩是把中国文字、西洋文字熔于一炉，炼成一种特殊的而又曲折如意的工具。但陈西滢亦指出徐志摩艺术上的毛病在于太没有约束，有时不免堆砌得太过，以致有烦腻之感。也许正因如此，徐志摩才会在闲话之争时，极力偏袒陈西滢。

还有一人与徐志摩极为友好，此人便是小徐志摩六岁的梁实秋。

梁实秋，一九〇三年生，原名梁治华，字实秋，笔名子佳、秋郎、程淑等，浙江杭州人氏，是中国著名的散文家、学者、文学批评家、翻译家。一九一五年考入清华大学。一九二三年八月赴美国哈佛大学留学，取得硕士学位。一九二六年回国，先后任教于国立东南大学（东南大学前身）、国立青岛大学（中国海洋大学、山东大学共同前身）。一九八七年十一月，于中国台北病逝。

早在清华大学念书时，二人便已相识。梁实秋赴美留学期间，于一九二六年二月写成长达万余字的《现代中国文学之浪漫的趋势》，徐志摩收到后，在《晨报副刊》连载。一九二七年，正值北伐，时局动荡，梁实秋携妻从南京避难到了上海，与徐志摩等人一起创办新月书店，后又参与主编《新月》月刊。二人共事三年，成了十分投契的朋友。

梁实秋的住处，徐志摩经常造访。有一次，徐志摩来寻梁实秋，见屋里围棋未收，便要求对弈。徐志摩棋力甚高，下子如飞，不消多久，梁实秋便现败势。下至中盘，大势已定，徐志摩托故离席，不计胜负。梁实秋在《谈徐志摩》中说道："志摩很少下棋，以他的天资，很容易成为此道中高手，至少他的风度好。"

一九三〇年夏天，徐志摩打电话给梁实秋，开口便说你干的好事现在惹出祸事来了。梁实秋不明就里。原来，徐志摩接到商务印书馆黄警顽一封信，说自己妹妹喜欢上了梁实秋，托其问问梁实秋的意见。梁实秋回忆了一番，才记起自己在大学兼课时，是有这么一个女学生，但从未说过话，更无甚往来，便请徐志摩转告对方自己现有一妻三子的实情。此事便告一段落了。

二人琐事，亦不赘言。徐志摩逝世后，梁实秋先后为其写了至少五篇文章——《关于徐志摩》《谈徐志摩》《关于徐志摩的一封信》《徐志摩的诗与文》《赛珍珠与徐志摩》。可见二人感情之深。

徐志摩人缘极好，与其交好者不胜枚举，除上述诸人，还有王统照、吴宓、叶公超、沈从文、胡适，等等。纳兰容若人缘亦好。与好友觥筹交错、诗词唱和的那些时光，成了纳兰容若生命中为数不多的锦绣春光。

提到纳兰容若及其朋友，不得不提到渌水亭。纳兰容若在渌水亭修身养性、研读经史，创作《渌水亭杂识》，更与朋友在此相交契阔，相乐相知。自一六七三年起，纳兰容若便结交了很多文士，其中朱彝尊和陈维崧是一派宗师，顾贞观和吴兆骞是名扬词坛的江南才子，严绳孙诗画俱工，秦松龄在经学上颇有造诣，姜宸英则与朱彝尊、严绳孙并称“江南三布衣”。

纳兰容若与姜宸英相识颇早。

姜宸英，一六二八年生，字西溟，号湛园，又号苇间，浙江慈溪人氏。姜宸英是明末诸生，康熙十九年以布衣荐入明史馆任纂修官，分撰刑法志，记述明代三百年间诏狱、廷杖、立枷、东西厂卫之害。又从徐乾学修《大清一统志》。康熙三十六年始中进士。著有《湛园集》《苇间集》《海防总论》《海防总论》等。

姜宸英在《通议大夫一等侍卫进士纳腊君墓表》中写道："君年十八九，举礼部，当康熙之癸丑岁。未几也，予与相见于其座主东海阁学公邸。"后又在《祭容若侍中文》写道："我始见兄，岁在癸丑。"可知二人经纳兰容若的座主徐乾学介绍，结识于康熙癸丑年，即康熙十二年，其时，纳兰容若十九岁，姜宸英四十五岁。

姜宸英在《跋同集书后》一文中，记述了自己与纳兰容若及诸友频繁相聚的事情："往年容若招予住龙华僧舍，日与荪友、梁汾诸子集'花间草堂'，剧论文史，摩挲书画。于是，禹子尚基亦间来同此风味也。后改葺'通志堂'，数人者复晨夕相对。"

一六七九年暮春，纳兰容若、姜宸英等六人郊游，并作《浣溪沙·郊游联句》："出郭寻春春已阑（陈维崧），东风吹面不成寒（秦松龄），青村几曲到西山（严绳孙）。并马未须愁路远（姜宸英），看花且莫放杯闲（朱彝尊），人生别易会常难（纳兰容若）。”

一六七九年秋天，姜宸英母亲去世，姜宸英南归，纳兰容若连作《金缕曲 · 姜西溟言别，赋此赠之》《金缕曲 · 慰西溟》《潇湘雨 · 送西溟归慈溪》三首长调赠别。其中，《金缕曲 · 姜西溟言别，赋此赠之》云："谁复留君住。叹人生、几翻离合，便成迟暮。最忆西窗同剪烛，却话家山夜雨。不道只、暂时相聚。滚滚长江萧萧木，送遥天、白雁哀鸣去。黄叶下，秋如许。日归因甚添愁绪。料强似、冷烟寒月，栖迟梵宇。一事伤心君落魄，两鬓飘萧未遇。有解忆、长安儿女。裘敝入门空太息，信古来、才命真相负。身世恨，共谁语？"

一六八二年春天，纳兰容若邀请姜宸英同游城北。姜宸英作诗云："散漫杨花满堤停，停船只在画廊西。东风底事催归急，不管狂夫醉似泥。"

一六八二年八月，纳兰容若奉命赴梭龙侦察，姜宸英随军相送至城外，二人于军帐内痛饮至次日，姜宸英作《宿燕郊，送容若奉使西城》赠之。

一六八四年，纳兰容若生日，姜宸英作《容若从驾还，值其三十初度，席上书赠六首》。

二人身处异地，亦时有书信往来。一六七九年，姜宸英南归之后，写《与成容若》一信。一六八一年，纳兰容若以诗代柬，作《柬西溟》一诗寄之。

由以上记述，可知二人往来密切。

姜宸英来到京城后，生活颇为潦倒，仕途亦多不顺，因为纳兰容若施以援手，方能继续在京城生活。故而姜宸英后来不无深情地回忆说："旋复合并，于午、未间。我蹶而穷，百忧萃止。是时归兄，馆我萧寺。"

二人结识初期，纳兰容若"不愿仕，退而学经读史，旁治诗歌古文词"，故时常向姜宸英请教，至去世前夕，纳兰容若还对姜宸英说："吾行从子究竟班马事矣，子谓我如何？"可见姜宸英于纳兰容若而言，是个亦师亦友的人物。

与姜宸英结识的那一年，纳兰容若也与朱彝尊有了书信往来。而在此之前，纳兰容若早已读过朱彝尊的诗文，对其十分景仰。

朱彝尊在《祭纳兰侍卫文》中写道："呜呼！往岁癸丑，我客潞河，君年最少，登进士科，伐木求友，心期切磋，投我素书，懿好实多，改岁月正，积雪初霁，紃履布衣，访君于第。"可知一六七三年，纳兰容若因为钦羡朱彝尊，渴望切磋学问，便给朱彝尊写了书信。次年正月，朱彝尊来京即上门拜访了纳兰容若，此是二人的第一次会面。此后，二人因为《通志堂经解》一事，日益熟识。朱彝尊亦为《通志堂经解》耗了不少心力。

尽管朱彝尊常住京城，但由于纳兰容若是皇帝的近身侍卫，常常扈驾出行，故二人见面不多，是故朱彝尊说："君侍羽林，鲛函雉扇，或从豫游，或陪曲宴，虽则同朝，无几相见。"

一六七五年九月，朱彝尊嗣父去世，朱彝尊回乡奔丧，纳兰容若作《寄朱锡鬯》赠之："萍梗忽南北，相聚复相离。去年一相见，正值落花时。秋风苦催归，转眼岁已期。淅淅秋叶落，绵绵秋夜迟。开户见残月，道远有所思。丈夫故慷慨，此别何凄其！明发揽尘镜，新寒生鬓丝。"

一六八二年正月十五上元夜，纳兰容若与朱彝尊、姜宸英诸人集于花间草堂，饮酒赋诗。是夜恰逢月食，纳兰容若有数首诗词咏之。

一六八四年，朱彝尊于渌水亭观得赵孟頫《鹊华秋色图》，作《题赵子昂鹊华秋色图》，以"康熙甲子冬观纳兰侍卫容若之渌水亭"记之。

一六八五年三月，朱彝尊于纳兰容若处观得李唐《长夏江寺图》，纳兰容若邀其为图题签，朱彝尊撰有《题李唐长夏江寺图》，以"康熙乙丑三月，纳兰侍卫容若购得李唐着色山水卷，邀予题签"记之。过几日，朱彝尊又于纳兰处观得赵孟頫《水村琴趣图》，纳兰嘱他题签，朱彝尊作有《题赵子昂水村图》，以“岁在乙丑，三月纳兰容若属予题签”记之。

一六八五年六月，纳兰容若邀朱彝尊、姜宸英、顾贞观诸人作陪，于渌水亭宴请来京的梁佩兰，众人各赋诗一首。

关于二人关系，朱彝尊自己说道：“平生之交，赤犊笔疏，推曹侍郎秋岳第一。此外则容若侍卫，书记翩翩，天然绝俗……容若好填小词，有作必先见寄，红笺小叠，正复不少。迨乙丑逝后，余浮湛都市，人海波涛，转徙者数，欲求断楮零墨，邈不可得。”“有作必先见寄”，能如此者，非知己不能为也。

认识姜宸英、朱彝尊后，纳兰容若才认识了严绳孙。

严绳孙，一六二三年生，字荪友，号秋水、勾吴严四，晚号藕荡渔人，江苏无锡人氏。严绳孙六岁能书径尺大字，后渐以诗词书画闻名。二十多岁时，抛弃举子业，游历于山水之间，与朱彝尊、姜宸英并称“江南三布衣”。一六四九年加入吴伟业主持的慎交社，结识了一大批东南名流。一六五四年，与顾贞观、秦松龄等十人结云门社，时称“云门十子”。一六七九年，清廷调举博学鸿儒，严绳孙受荐而避试，仍被选中，授翰林院检讨，参修《明史》。一六八五年辞官还乡隐居终老。

纳兰容若与严绳孙真正相识于一六七五年，此前亦是通过书信往来。这一年，纳兰容若二十一岁，严绳孙五十二岁。尽管二人相差三十余岁，却一见如故，遂结为知己，因此这一年里，严绳孙寄居于纳兰容若府上。这些时日里，二人常常待在一起，或读诗论词，或相互唱和。而二人在创作方面都主张“真性情”，可谓“情投意合”，故走得愈来愈近。后来，严绳孙在《成容若遗稿序》一文中回忆道：“初，容若年甚少，于世无所措意。既而论文之暇，闲语天下事，无所隐讳。比岁以来，究物情之变态，辄卓然有所见于其中。或经时之别，一再接其绪论，未尝使人不爽然而自失也。”寄居期间，严绳孙既有感于自己漂泊的生活，又欣喜于自己结识了一位忘年交，于是赋了一首七律：“两年风雨客金台，宛转浮生浊酒杯。画角晓听浑已惯，玉河秋别却重来。朱门月色寻常好，青镜霜华日夜催。但得新知倾盖意，不妨双屐卧莓苔。”

尽管严绳孙祖上皆出自官宦门第，但自大明灭亡以后，严绳孙看到朝代更迭，常常慨叹世事无常，于是养成了淡泊名利、无意官场的性格。故而看到纳兰容若不得不扈驾随行时，严绳孙不似他人一般祝贺或为其欣喜，而是深深理解纳兰容若内心的烦闷与苦楚，因此常常为他感到惆怅，这一情绪在《倦寻芳·送成容若扈从北行》中流露了出来：“凤城东去，一片斜阳，千里红叶。便不凄凉，早是凄凉时节。云骢便抛珠汗渍，桃花鞭影明灭。笑回头，有葡萄酒暖，当垆如月。算此去金波正满，何处关山，玉笛吹裂。古镇黄花，看即满头须折。扈跸长杨人自好，翠帷未惯伤离别。只归来，古奚囊，尽添冰雪。”

一六七六年夏天，严绳孙南归无锡，纳兰容若作《送荪友》《水龙吟·再送荪友》赠之，其中《送荪友》诗云：“人生何如不相识，君老江南我燕北。何如相逢不相合，更无别恨横胸臆。留君不住我心苦，横门骊歌泪如雨。君行四月草萋萋，柳花桃花半委泥。江流浩淼江月堕，此时君亦应思我。我今落拓何所止，一事无成已如此。平生纵有英雄血，无由一溅荆江水。荆江日落阵云低，横戈跃马今何时。忽忆去年风月夜，与君展卷论王霸。君今偃仰九龙间，吾欲从兹事耕稼。芙蓉湖上芙蓉花，秋风未落如朝霞。君如载酒须尽醉，醉来不复思天涯。”严绳孙在家闲居至一六七八年，其间，纳兰容若又填词寄之，《浣溪沙·寄严荪友》云：“藕荡桥边埋钓筒，苎萝西去五湖东，笔床茶灶太从容。况有短墙银杏雨，更兼高阁玉兰风，画眉闲了画芙蓉。”可见纳兰容若对其颇为情厚。

一六八五年，严绳孙辞官南还，纳兰容若作《暮春别严四荪友》赠之。不料严绳孙还乡途中，纳兰容若因病辞世，严绳孙悲痛万分，后与秦松龄合作《成容若遗稿序》以纪之。

与严绳孙相晤的第二年，纳兰容若结识了顾贞观。二人情谊最深，说是生死之交亦不为过。

顾贞观，一六三七年生，原名华文，字远平、华峰，亦作华封，号梁汾，江苏无锡人氏。顾贞观禀性聪颖，幼习经史，少时加入慎交社，虽年纪最小，却“飞觞赋诗，才气横溢”，后与声望甚隆的吴兆骞齐名，并与之结为生死之交。一六五四年结云门社，后辞亲远游，到达京城。一六六四年，任秘书院中书舍人，两年后中举，改任国史院典籍，官至内阁中书。一六七一年因受同僚排挤，落职归里，自称“第一飘零词客”。后在京城漂泊过一段时日，吴兆骞、纳兰容若逝世后，顾贞观悲痛不已，从此回乡隐居，于一七一四年卒于故里。顾贞观著有《纑塘集》《弹指词》《积书岩集》，编有《唐五代词删》《宋词删》等。

一六七六年，顾贞观经徐元文推荐，入内阁大学士纳兰明珠府中任塾师，与纳兰容若相识。其时，纳兰容若二十二岁，顾贞观四十岁。后来，顾贞观在《弹指词》中回忆道：“岁丙辰，容若年二十二，乃一见即恨识余之晚。阅数日，填此曲为余题照，极感其意。”诚如顾贞观所言，纳兰容若初见顾贞观，即有相见恨晚之感，一见即成知己，可见二人俱是性情中人。也正是这一年，纳兰容若难遏心中激动，填了一阕《金缕曲》，一时传遍京城。

金缕曲·赠梁汾

纳兰容若

德也狂生耳！

偶然间、缁尘京国，乌衣门第。

有酒唯浇赵州土，谁会成生此意？

不信道、遂成知己。

青眼高歌俱未老，向尊前、拭尽英雄泪。

君不见，月如水。

共君此夜须沉醉。

且由他、娥眉谣诼，古今同忌。

身世悠悠何足问，冷笑置之而已。

寻思起、从头翻悔。

一日心期千劫在，后身缘、恐结他生里。

然诺重，君须记！

纳兰容若取此词牌填之，其实另有深意。《金缕曲》又名《贺新郎》《乳燕飞》，取自叶梦得“谁为我，唱金缕”句。纳兰容若所言“谁会成生此意”，即取唐代诗人杜秋娘《金缕衣》“劝君莫惜金缕衣，劝君惜取少年时。有花堪折直须折，莫待无花空折枝”之意，希望顾贞观珍视并珍惜彼此的情谊，可见纳兰容若对顾贞观有多喜欢。“德也狂生耳”，德指的是纳兰容若（纳兰性德）自己，其时，纳兰容若风华正茂，正是意气风发的年纪，故言自己是狂生，可是狂生遇见了知己顾贞观后，便狂不起来了。纳兰容若说“身世悠悠何足问，冷笑置之而已”，其实是在告诉顾贞观不要存有什么门第之见，他不是什么人间富贵花，他们二人可以一天之内成为知己，即便经历千万劫难，友谊亦将长存。事实证明，二人之情，亦颇深笃。傅庚生曾在《中国文学欣赏举隅》中评价此词：“其率真无饰，至令人惊绝。率真则疏快而不滞，不滞则见赋于天者，可以显现而无遗，生香天色，此其是已。”

顾贞观读罢此调，十分动情，亦次韵一阕，以酬纳兰容若。《金缕曲·酬容若见赠，次原韵》云：“且住为佳耳。任相猜、驰笺紫阁，曳裾朱第。不是世人皆欲杀，争显怜才真意。容易得、一人知己。惭愧王孙图报薄，只千金、当洒平生泪。曾不直，一杯水。歌残击筑心欲醉。忆当年、侯生垂老，始逢无忌。亲在许身犹未得，侠烈今生已已。但结托、来生休悔。俄顷重投胶在漆，似旧曾、相识屠沽里。名预籍，石函记。”

一六七六年，二人初见。是年，二人合编《今词初集》。

一六七七年，纳兰容若开始整理编辑自己的作品。是年，顾贞观南归无锡。其间，顾贞观参与编修《庐州郡志》，又按惠山听松庵竹茶炉旧制，仿造一只竹茶炉，不少名士题咏其事，后由纳兰容若整理编辑，汇成《竹炉新咏》一书。

一六七八年闰三月，纳兰容若将《侧帽集》及其他作品交予顾贞观，不久后，顾贞观辑为一集，并为其作序。纳兰容若取“如鱼饮水，冷暖自知”之意，将其命名为《饮水词》。

一六七九年秋天，纳兰容若开始修葺茅屋，等待顾贞观来京居住。是年，《饮水词》《今词初集》刊成。次年，顾贞观抵京，住茅屋。纳兰容若作《寄梁汾并葺茅屋以招之》《茅斋》等作品。其中《寄梁汾并葺茅屋以招之》云：“三年此离别，作客滞何方？随意一尊酒，殷勤看夕阳。世谁容皎洁，天特任疏狂。聚首羡麋鹿，为君构草堂。”

一六八一年七月，顾贞观再次南还。是年年底，复入京城。顾贞观南还之际，纳兰容若作《于中好》赠之：“握手西风泪不干，年来多在别离间。遥知独听灯前雨，转忆同看雪后山。凭寄语，劝加餐。桂花时节约重还。分明小像沉香缕，一片伤心欲画难。”是年，纳兰容若作《咏柳偕梁汾赋》《寄梁汾》等作品。

一六八二年正月十五上元夜，纳兰容若、顾贞观、朱彝尊等集于花间草堂，纳兰容若作《水龙吟·题文姬图》《赋得柳毅传书图，次陈其年韵》。次年作《菩萨蛮·寄梁汾苕中》等作品。

一六八四年八月至十一月，纳兰容若扈驾南巡，归途得明人《竹炉新咏卷》，回京后赠予顾贞观，并作《题竹炉新咏卷》诗，为顾贞观书“新咏堂”三字。是年，作《金缕曲·寄梁汾》，词云：“木落吴江矣，正萧条、西风南雁，碧云千里。落魄江湖还载酒，一种悲凉滋味。重回首、莫弹酸泪。不是天公教弃置，是南华、误却方城尉。飘泊处，谁相慰。别来我亦伤孤寄。更那堪、冰霜摧折，壮怀都废。天远难穷劳望眼，欲上高楼还已。君莫恨、埋愁无地。秋雨秋花关塞冷，且殷勤、好作加餐计。人岂得，长无谓。”

一六八五年五月二十二日，顾贞观、梁佩兰、姜宸英、吴雯集于纳兰容若处，饮酒，各赋《夜合花》诗。五月三十日，纳兰容若去世。是年，纳兰容若作《暮春见红梅作简梁汾》《菩萨蛮·惜春春去》等作品。

纳兰容若、顾贞观交游，相互唱和了大量诗作，而二人合力营救吴兆骞一事，亦加深了彼此的情谊。《清稗类钞》载：“容若风雅好友，座客常满，与无锡顾梁汾舍人贞观尤契，旬日不见则不欢。梁汾诣容若，恒登楼去梯，不令去，一谈辄数日夕。”以至于后来，顾贞观在写给纳兰容若的祭文中回忆说："呜呼吾哥！其敬我也，不啻如兄；其爱我也，不啻如弟。而今舍我去耶……又若尔汝形忘，晨夕心数，语唯文史，不及世务，或子衾而我覆，或我觞而子举，君赏余弹指之词，我服君饮水之句……"

纳兰容若逝世后，顾贞观悲痛不已。因怅失知己，顾贞观无心留在京城，故于一六八六年南还故里，从此隐居。值得一提的是，纳兰容若曾与顾贞观会于惠山忍草庵，此庵亦是顾贞观等人结社之处。后来，忍草庵遭到焚毁，顾贞观集资募修，并将纳兰容若生前所留的小像悬挂于贯华阁。因纳兰容若曾号"楞伽山人"，并镌有"香界"二字闲章，为了怀念纳兰容若，顾贞观便将修缮之后的忍草庵易名为香界庵。

"十年之中，聚而散，散而复聚"，此大抵是纳兰容若与顾贞观相处的情况了。而纳兰容若与吴兆骞的交游，虽短暂却更曲折。

吴兆骞，一六三一年生，字汉槎，号季子，江苏吴江人氏。吴兆骞出生于官宦之家，九岁作《胆赋》，十岁作《京都赋》，后随父宦游楚地。一六五三年，江浙文社开展数次活动，吴兆骞与吴伟业等前辈耆宿即席唱和，文采非凡，四座倾动，时人将吴兆骞与宜兴陈维崧、华亭彭师度并称为"江左三凤凰"。一六五七年八月，吴兆骞参加乡试中举，是年十一月因人诬陷，被卷入南闱科场案中，后流徙宁古塔。一六八一年，经诸友勠力营救，以认修内务府工程名义被放还，是年十一月抵京。一六八三年回乡，修筑“归来草堂”，后因久居宁古塔而不适应江南气候染疾，大病数月后，赴京治疗，次年病死于京城。吴兆骞著述甚多，然因命途多舛，多有轶失，著有《秋笳集》。

尽管吴兆骞流徙宁古塔，但其诗名甚盛，纳兰容若亦慕之已久，直至一六八一年十一月，二人才得以相见。其时，纳兰容若二十七岁，吴兆骞五十一岁。是年，应纳兰容若之邀，吴兆骞为纳兰容若之弟揆叙授读，并由徐乾学府上移居至纳兰容若府上。

一六八一年十一月，吴兆骞抵达京城，诸人设宴为其接风洗尘。席上，徐乾学作《喜迎吴兆骞入关》，吴兆骞作《奉酬徐健庵见赠之作，次原韵》，纳兰容若作《喜吴汉槎归自关外，次座主徐先生韵》：“才人今喜入榆关，回首秋笳冰雪间。玄菟漫闻多白雁，黄尘空自老朱颜。星沉渤海无人见，枫落吴江有梦还。不信归来真半百，虎头每语泪潺湲。”是年，吴兆骞作《集成侍中容若斋，赋得柳毅传书图，次俞大文韵》四首。

一六八二年正月十五上元夜，纳兰容若与吴兆骞、顾贞观等人集于花间草堂，饮酒赋诗。是年三月，纳兰容若扈驾巡视长白山，吴兆骞作《登楼有怀成容若》一诗。

一六八三年夏天，吴兆骞在乡染疾，纳兰容若闻讯，寄信数封，嘱咐吴兆骞尽快回京治疗。

一六八四年三月中旬，吴兆骞抵京，居纳兰容若府上，继续为揆叙授读。是年十月十八日，吴兆骞病死于京城。

二人相见较晚，是故交游事迹不多。然纳兰容若与顾贞观救吴兆骞的那段旧事，颇值得大书一笔。

一六七六年，顾贞观与纳兰容若相识，为将吴兆骞救出宁古塔，顾贞观曾向纳兰容若言及此事。其时，不少文人因文字狱或科场案被流放宁古塔，纳兰容若深知任何事一旦涉及宁古塔便极难办，且他深谙政治纷争十分复杂，故没有答应下来。纳兰容若犹疑之际，顾贞观以词代信，给吴兆骞填了两阕《金缕曲》。其一云："季子平安否？便归来，平生万事，那堪回首！行路悠悠谁慰藉，母老家贫子幼。记不起、从前杯酒。魑魅搏人应见惯，总输他，覆雨翻云手。冰与雪，周旋久。泪痕莫滴牛衣透。数天涯，依然骨肉，几家能够？比似红颜多命薄，更不如今还有。只绝塞、苦寒难受。廿载包胥承一诺，盼乌头马角终相救。置此札，君怀袖。"其二云："我亦飘零久！十年来，深恩负尽，死生师友。宿昔齐名非忝窃，只看杜陵消瘦。曾不减，夜郎僝僽。薄命长辞知己别，问人生到此凄凉否？千万恨，为君剖。兄生辛未吾丁丑。

共此时，冰霜摧折，早衰蒲柳。诗赋从今须少作，留取心魂相守。但愿得，河清人寿！归日急翻行成稿，把空名料理传身后。言不尽，观顿首。”纳兰容若见后，颇受感动，一时间声泪俱下，并郑重立下誓言：“绝塞生还吴季子，算眼前、此外皆闲事。”后来读了吴兆骞的作品，纳兰容若再次说道：“都尉《河桥》之作，子荆《楚雨》之吟，并此而三矣。此事三千六百日中，弟当专任其责，毋烦兄更多言也。”此后，纳兰容若为救出吴兆骞四处奔走，更央求父亲纳兰明珠出手相帮。后在纳兰明珠支持之下，经纳兰容若、顾贞观、徐乾学、徐元文等人斡旋，吴兆骞终于走出了宁古塔。其时，吴兆骞已流放宁古塔二十三年。

一六七七年，顾贞观给吴兆骞寄去了自己的《弹指词》及纳兰容若的《侧帽集》。一六七九年冬天，吴兆骞将徐釚的《菊庄词》、顾贞观的《弹指词》、纳兰容若的《侧帽集》交予一名骁骑带至朝鲜会宁府，该国官员仇元吉、徐良崎以饼金购去，并各题绝句交骁骑带回大清。可见纳兰容若与吴兆骞见面虽晚，但彼此早有交集。

吴兆骞好友徐釚曾言：“及漂泊困厄于绝塞者垂二十余年，一旦受朋友脱骖之赠，头白还乡，其感恩流涕，固无待言。”可知吴兆骞走出宁古塔后，对诸友的恩情一直铭记在心，尤其对顾贞观和纳兰容若，更是时时挂怀。是故吴兆骞后来与顾贞观心生嫌隙，然在纳兰容若府上见斋壁大书“顾梁汾为吴汉槎屈膝处”时，羞愧难当，当即去寻顾贞观，二人冰释前嫌。

经考，吴兆骞卒于纳兰府上。卒前，纳兰容若正扈驾南巡，而在出发的前一天，纳兰容若还在与友人张纯修的信中提及吴兆骞：“汉兄病甚笃，不知尚得一见否？言之泣下。”可见纳兰容若和吴兆骞友谊极深。纳兰容若于金陵惊闻吴兆骞病逝噩耗，归来后写下《祭吴兆骞文》，并资助其家人扶柩返乡。

纳兰容若在给顾贞观写的信中说道：“望前附一缄于章藩处，计应彻览。弟比日一与汉槎共读萧选，颇娱岑寂，祗以不对野王为怊怅耳。”“共读萧选，颇娱岑寂”，此真纳兰容若之快事也，只是故人已去，徒作怀念，悲恸之余，又能奈何？不过久读纳兰容若的《金缕曲》，感动之余，亦觉纳兰容若是个可爱之人。

金缕曲·简梁汾

纳兰容若

洒尽无端泪。

莫因他、琼楼寂寞，误来人世。

信道痴儿多厚福，谁遣偏生明慧。

莫更著、浮名相累。

仕宦何妨如断梗，只那将、声影供群吠。

天欲问，且休矣。

情深我自拼判憔悴。

转丁宁、香怜易爇，玉怜轻碎。

羡杀软红尘里客，一味醉生梦死。

歌与哭、任猜何意。

绝塞生还吴季子，算眼前、此外皆闲事。

知我者，梁汾耳。

“只抽旧绪当风嘲”——旧时人，旧时事，而今只在旧绪中纷繁、蜿蜒，所谓当风嘲，不过是怅然一笑而已。徐志摩有陈西滢，纳兰容若有顾贞观。徐志摩曾为陈西滢口诛笔伐，纳兰容若亦为顾贞观定下了救出吴兆骞的十年之期。

“几回夜月忆知交”——曾经“月上柳梢头，人约黄昏后”；而今“人生不相见，动如参与商”。都说明日隔山岳，世事两茫茫，故而才须相处之时，且行且珍惜。正如徐志摩与纳兰容若那般，一个天真烂漫，与友相处无拘无束；一个诚挚待人，与友饮酒唱和，幸甚至哉。

想起元人李质的诗句："平生知己二三友，相过不待相招延。把书对弈坐终日，纶巾羽服沧洲仙。"知心之人在一起时，真该这般无拘无束，哪怕放浪形骸亦可。如果"联床信宿嫌宵短"了，那就将人生计数调整一下，不要以年月来计，且以日计以时辰计，让人生丰满起来、充实起来，也精致起来。

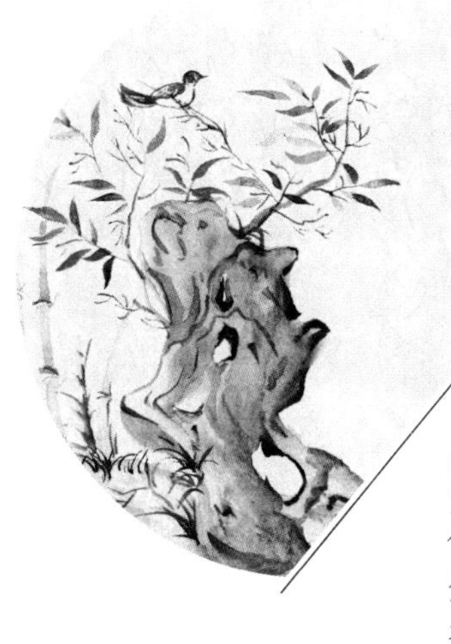

如梦令：昨夜鸳鸯梦，憔悴似余生

人生若只如初见

初恋，是一件很美好的事情。但亦如张爱玲所言：“我以为，爱情可以填满人生的遗憾，然而，制造更多遗憾的，偏偏是爱情。”可是，哪怕知道如此又如何，还不是一样奋不顾身地去爱吗？恰似雪小禅说的：“总会爱一个人，总会冒一次险。最初爱的时候，一定没有经验，很茫然地就爱上一个人了，不知道这是在冒险，只觉得蠢蠢欲动，满心全是这人，仿佛这个人是鲜花着锦。最爱的时候，赴死都随时准备着——也只有爱着时才会这样。”

一下子忆起一首小诗。

献给M的情诗

普希金

啊，心房如果不曾燃过爱的火焰，

瞧她一眼——就会了解爱的情感。

啊，心灵如果已经变得冰冷严寒，

瞧她一眼——就会重新萌发爱恋。

爱情是一种神奇的现象，既教人捉摸不透，亦教人飞蛾扑火。于是乎，古往今来，多少美篇佳什，成了爱情中的风和雨，微微抚过，似有若无。

唐诗中，元稹写了“曾经沧海难为水，除却巫山不是云”，白居易写了“在天愿作比翼鸟，在地愿为连理枝”；宋词中，柳永写了“衣带渐宽终不悔，为伊消得人憔悴”，晏殊写了“天涯地角有穷时，只有相思无尽处”；元曲中，徐再思写了“平生不会相思，才会相思，便害相思”，姚燧写了“两处相思无计留，君上孤舟妾倚楼。这些兰叶舟，怎装如许愁”……不过，我却颇爱不知作者的这半阕词：“爱他时似爱初生月，喜他时似喜看梅梢月，想他时道几首西江月，盼他时似盼辰钩月。”

初恋很美好，却也使人伤。对于纳兰容若来说，初恋——让他度过了一段美好的少年时光，却也在他心上划了一道伤痕。

其时，纳兰容若与表妹，正如李白在《长干行》中写的那样：“郎骑竹马来，绕床弄青梅。同居长干里，两小无嫌猜。”据《赁庑笔记》记载：“纳兰眷一女，绝色也，有婚姻之约。旋此女入宫，顿成陌路。容若愁思郁结，誓必一见，了此夙因。会遭国丧，喇嘛每日应入宫唪经，容若贿通喇嘛，披袈裟，居然入宫，果得彼妹一见。而宫禁森严，竟不能通一语，怅然而出。”

早在纳兰容若七岁之时，表妹便住进了明府。二人的初见如何，自是不得而知，但二人深居明府之中，不能随意外出，自然而然每日陪伴在一起，久而久之，情愫渐生，此是意料之中的事了。从顺治帝时候起，清朝便有一项制度，即每三年进行一次选秀，从八旗人家中挑选十三岁至十六岁的女子充实后宫，若女子未参加选秀，将终身不得嫁人。及此年纪且相貌出众的表妹，作为秀女被选入宫中。正如唐人崔郊所言，“侯门一入深如海，从此萧郎是路人”，二人萌发出的爱情的蓓蕾，就这样早早地凋谢了。

纳兰容若其时年少，虽知彼此缘分已尽，但依旧不死心，思念亦是与日俱增。终于，纳兰容若等来了机会。由于皇宫要办国丧，适时将请喇嘛每日进宫诵经，思念成疾的纳兰容若明知危险，依旧买通喇嘛，并扮作喇嘛混入队伍之中，只为见表妹一面。只是这一面，见得却是如此匆忙，不仅不敢说话，连招呼也不敢打。纳兰容若知道，若是露出破绽，不仅自己及家族会出事，表妹亦会受到牵连。于是，二人默然相视，哽咽无声。想是表妹对纳兰容若亦甚思念，故在离去之时，在经过栏杆的时候，从鬓间取下钗子，轻轻敲打栏杆。敲响的声音，仿佛是她对他说的一些悄悄话。而他只能听着。纳兰容若失魂落魄地回到明府，填了一阕《减字木兰花》来记述这件教他肝肠寸断的事情："相逢不语，一朵芙蓉著秋雨。小晕红潮，斜溜鬟心只凤翘。待将低唤，直为凝情恐人见。欲诉幽怀，转过回阑叩玉钗。"哪怕与卢氏成婚之后，纳兰容若亦未忘了这个青梅竹马的恋人，是故他又填了一阕《浣溪沙》，以怀念这个教他心心念念许多年的女子："十八年来堕世间，吹花嚼蕊弄冰弦。多情情寄阿谁边。紫玉钗斜灯影背，红绵粉冷枕函偏。相看好处却无言。"相看好处却无言，唯有泪千行。

关于徐志摩的初恋，实不可知，但若非要从与他牵绊的三名女子中选出一名，当是林徽因无疑了。

林徽因，一九〇四年出生于浙江杭州，福建闽县人氏。原名林徽音，取自《诗经·大雅·思齐》“大姒嗣徽音，则百斯男”句，故常被人误认为是当时的男作家“林微音”，故易名为林徽因。一九一六年，因其父在北洋政府任职，故举家迁至北京，是年就读于北京培华女中。一九二〇年四月，随父游历欧洲，在伦敦时，其房东为一名女建筑师，受其影响，立志攻读建筑学。是年，结识徐志摩，并对新诗产生兴趣。次年归国，至北京培华女中续学。一九二三年，与徐志摩等文艺青年多有往来。其后，徐志摩、胡适等人创办新月社，林徽因时常参与新月社举办的各种文艺活动，出演泰戈尔诗剧《齐德拉》中的“齐德拉公主”一角，一时广受赞誉。一九二四年，同梁启超长子梁思成赴美攻读建筑学，至一九二七年毕业，后又入耶鲁大学戏剧学院学习舞台美术设计。一九二八年春天，同梁思成结婚。是年八月，二人回国，一起受聘于东北大学建筑系。

一九二〇年秋天，林徽因游历欧洲，徐志摩在英留学。其时，在国际联盟协会的一次演讲会上，徐志摩做主席，林徽因之父林长民演讲，二人因此相识。后来，在与狄更生的会见中，徐志摩结识了林徽因。二人相识时，林徽因十七岁，徐志摩二十四岁。

二人相识后，林徽因认为徐志摩才华横溢，徐志摩觉得林徽因才思飘逸。随后，徐志摩向林徽因发起求爱攻势。一九二一年春天，徐志摩被狄更生推荐到剑桥大学皇家学院当特别生。是年夏天，二人往来颇为频繁。

一九二一年十月，林长民父女归国。次年十月，徐志摩亦结束学业归国，在归国前夕，徐志摩写下了《再别康桥》。徐志摩归国后，在上海盘桓了一些时日。听说林家欲将林徽因许配给梁思成，是年年底，徐志摩匆匆赶到北京。不料初至北京，徐志摩就收到了梁启超的来信，劝他“义不容以他人之苦易自己之快乐”，暗示他不要打扰林徽因和梁思成。而徐志摩亦坚定回之：“我将于茫茫人海中访我唯一灵魂之伴侣。得之，我幸，不得，我命。如此而已。”这期间，林徽因、梁思成二人时常会于松坡图书馆的快雪堂，徐志摩以梁启超弟子、林长民朋友之名义，亦时常至此，梁思成颇不高兴，有一日写了一张“情人不愿受干扰”的英文纸条贴于门上，徐志摩见之，悻悻而去。

一九二四年，徐志摩与林徽因等人接待来华诗人泰戈尔，二人往来较为频繁，然其时林徽因与梁思成已确定了恋爱关系。是年五月二十日，徐志摩陪同泰戈尔一行离开北京去太原，送行之人很多，林徽因亦在其中。徐志摩看到林徽因，便立即赶写一封信给她，但车子已经启动了，徐志摩情急之下，跳下车子欲将尚未写完的信交给林徽因。泰戈尔的秘书见徐志摩太过伤感，便将信藏了起来，并未交给林徽因。徐志摩在信中写道："我不知道我要说的是什么话，我已经好几次提起笔来想写，但是每次总是写不成篇。这两日我的头脑总是昏沉沉的，睁着眼闭着眼都只见大前晚模糊的凄凉的月色，照着我们不愿意的车辆，迟迟地向荒野里退缩。离别！怎么能让人相信？我想着了就要发疯，这么多的丝，谁能割得断？我的眼前又黑了。"

是年六月，林徽因与梁思成赴美留学。次年，徐志摩写下了《偶然》一诗。

偶然

徐志摩

我是天空里的一片云，

偶尔投影在你的波心——

你不必讶异，

更无须欢喜——

在转瞬间消失了踪影。

你我相逢在黑夜的海上，

你有你的，我有我的，方向；

你记得也好，

最好你忘掉，

在这交会时互放的光亮！

按说事情至此，也应告一段落了，只是感情这件事，总教人捉摸不透的。

一九二七年春天，胡适来到美国，带来了徐志摩与陆小曼成婚的消息，以至于林徽因的情感泛起了微澜。她在写给胡适的信中说：“请你告诉志摩我这三年来寂寞够了，失望也遇多了，现在倒能在寂寞和失望中得到自慰和满足，告诉他我绝对不怪他，只有盼他原谅我从前的种种不了解。但是路远隔膜误会是所不免的，他也该原谅我。我昨天把他的旧信一一翻阅了。旧的志摩我现在真真透彻地明白了，但是过去，现在不必重提了，我只求永远纪念着。”

此后，二人亦多往来，只是二人俱已成婚，虽心有千千阕，却俱在无言中各自品咂了。

一九三五年，林徽因写了《纪念志摩去世四周年》一文，以抒悼念之情。几个月后，发表了《别丢掉》一诗，该诗作于一九三二年夏天，即徐志摩逝世后不久。诗中的“热情”与“回音”所指为何，便不作探究了，说让它流水似的，淌过梦境吧。

别丢掉

林徽因

别丢掉，
这一把过往的热情，
现在流水似的，
轻轻
在幽冷的山泉底，
在黑夜，在松林，
叹息似的渺茫，
你仍要保存着那真！
一样是月明，
一样是隔山灯火，
满天的星，
只有人不见，
梦似的挂起，
你向黑夜要回

那一句话——

你仍得相信

山谷中留着

有那回音！

情感之事，大抵是捉摸不透的。对林徽因一往情深深几许的徐志摩，是个真性情者，爱了就去爱，不喜欢就是不喜欢，因此对于他爱的人便千般讨好，不喜欢的人便冷淡待之，完全不顾及对方感受，故而伤人亦深。想来一生之中，徐志摩伤得最深的，大抵是他的第一任妻子张幼仪了。

徐志摩曾将张幼仪称为乡下土包子，其实不然。尽管张幼仪是一个被封建文化滋养长大的女子，较被新文化洗礼过的徐志摩“传统”得很，但她的从容与大气、善良与包容，她的性情与品德，应是当时之佼佼者。

张幼仪，一九〇〇年生，名嘉玢。一九一二年七月，就读于江苏省立第二女子师范学校，并在此接受了先进教育。一九一五年，未结业的张幼仪由其四哥张嘉璈做媒，与考入北京大学预科的徐志摩成婚。这一年，张幼仪十六岁，徐志摩十九岁。一九一八年，张幼仪诞下长子徐积锴，不久后，徐志摩留洋去了。一九二二年，张幼仪诞下次子彼得，并与徐志摩于柏林签字离婚。这是中国历史上第一桩依据《民法》离婚的西式文明离婚案。离婚后，张幼仪投靠二哥张君劢，赴德国裴斯塔洛齐学院攻读幼儿教育。徐志摩之父徐申如将张幼仪视作女儿。一九二五年，张幼仪痛失爱子彼得。一九二六年夏天回上海，后携长子至北京读书。张幼仪先于东吴大学教德语，后在张嘉璈的支持下，出任上海女子商业银行副总裁，同时出任一家云裳服装公司的总经理。一九三四年，张君劢主持成立了国家社会党，张幼仪应邀管理该党财务。中华人民共和国成立前夕赴香港，后与邻居苏纪之结婚。一九七二年，苏纪之病逝，张幼仪赴美，十六年后病逝于美国纽约。

纵观张幼仪的一生，笔者便对其分外敬重。其时之人，多颠沛流离，而张幼仪亦如此，尤其是与徐志摩离婚后，一人带子，几经飘零。言其从容、大气，到底是没有办法的事。不知徐志摩是否心疼过这个与他无争、事事不计较的女子？若是徐志摩对张幼仪的薄情与寡义，只是为了让张幼仪尽早摆脱痛苦，那该多好。只是，多情亦薄情的徐志摩，真会这般作为吗？

关于这段婚姻，以徐志摩的话言之，仅仅是“媒妁之命，受之于父母”而已，是故情非所愿，颇为厌恶。故而甫一诞下长子，徐志摩寻得机会，便迫切地留洋去了。渴求学问是一方面，逃避张幼仪怕也是有的。一九二〇年，张君劢担心二人分离太久容易生变，便去信让徐志摩接张幼仪到身边，徐志摩不得不答应。而在码头迎接张幼仪时，徐志摩是颇不耐烦的。张幼仪后来回忆道："我斜倚着尾甲板，不耐烦地等着上岸，然后看到徐志摩站在东张西望的人群里。就在这时候，我的心凉了一大截。他穿着一件瘦长的黑色毛大衣，脖子上围了条白丝巾。虽然我从没看过他穿西装的样子，可是我晓得那是他。他的态度我一眼就看得出来，不会搞错的，因为他是那堆接船的人当中唯一露出不想到那儿表情的人。"这一时期，徐志摩与林徽因坠入情网，不久后徐志摩提出离婚，已有两个月身孕的张幼仪深感哀戚，毅然同意。

一九二二年，张幼仪诞下彼得。与徐志摩签署离婚协议书后，张幼仪带徐志摩去医院见了彼得，张幼仪记述下了徐志摩见到彼得的场面，"把脸贴在窗玻璃上，看得神魂颠倒"。只是，张幼仪说，"他始终没问我要怎么养他，他要怎么活下去"。

徐志摩曾让张幼仪打掉胎儿，张君劢闻悉后，立即来信："万勿打胎，兄愿收养。抛却诸事，前来巴黎。"而在离婚之前，徐志摩给张幼仪写了一封催促离婚的信："故转夜为日，转地狱为天堂，直指顾间事矣……无爱之婚姻无可忍，自由之偿还自由，真生命必自奋斗自求得来，真幸福亦必自奋斗自求得来，真恋爱亦必自奋斗自求得来！彼此前途无限……彼此有改良社会之心，彼此有造福人类之心，其先自做榜样，勇决智断，彼此尊重人格，自由离婚，止绝痛苦，始兆幸福，皆在此矣。”想是因此二事，张幼仪才彻底断了念想。

离婚后的徐志摩和张幼仪，亦偶有往来，从刘英士撰写的《谈云裳公司及其人事背景》中，可以管窥二人当时之关系：

朋友们大都知道，志摩的离婚不曾否决中国人一句老话“藕断丝连”。双方从未避不见面，而且有说有笑。志摩的独子徐积锴是由幼仪一手扶养成人的。十六年春张老太太死后，幼仪禹九和三小姐四小姐离开西摩路，搬进公权所置的范园九号，地方稍为宽敞，徐家老夫妇来沪时就以范园为家。志摩除在婚变上不听家教而外，在其他方面可称甚孝，见到老母时尤其像个顽皮孩子。关于云裳公司的创立，他当然最为起劲，竭力怂恿朋友们踊跃认股。陆小曼这时是徐志摩的夫人，夫妇一体，她对于“极有风度”的幼仪至少在表面上看来也是相见甚欢，我所以不敢大胆支持实秋那种“根本无关”

的说法。当然，如果以为根本无关四字并不排斥“枝叶有关”，则这句话也可成立。

刘英士是亲历者，所言应有可信度的。云裳服装公司开办不久，张幼仪便出任了上海女子商业银行副总裁，云裳公司的日常事务，多由其八弟张禹九负责。这一时期，张幼仪每日下午五点之后上一个小时的国文课，然后回到云裳公司查看订单等，至下班时亲自交待裁缝各项事宜。

值得一提的是，张幼仪八弟张禹九颇喜爱徐志摩，曾不顾姐姐张幼仪的情绪，盛装出席徐志摩与陆小曼的婚礼。张禹九的孙女张邦梅曾写《小脚与西服》一书，欲批判徐志摩的冷漠无情，为此，张禹九特别嘱咐，对徐志摩笔下留情。张禹九临死前，留下的遗嘱之一是，在他的丧礼上，朗诵徐志摩的几首诗歌。

张幼仪——这个传统的女子，在香港与中医苏纪之成婚前，还曾写信到美国征求长子的意见：“因为我是个寡妇，理应听我儿子的话。”徐积锴回信说：“母孀居守节，逾三十年，生我抚我，鞠我育我……综母生平，殊少欢愉，母职已尽，母心宜慰，谁慰母氏？谁伴母氏？母如得人，儿请父事。”“寡妇”二字，于张幼仪而言，如鱼饮水，冷暖自知。后来，张幼仪写下了这样一段文字：“我是秋天的一把扇子，只用来驱赶吸血的蚊子。当蚊子咬伤月亮的时候，主人将扇子撕碎了。”

颇为讽刺的是，徐志摩为林徽因和陆小曼写下了大量优美的诗，而对与他成婚多年的张幼仪，却舍不得多写几首。离婚成功后，徐志摩难掩心中喜悦，竟难得地写了一首诗给张幼仪。

笑解烦恼结——送幼仪

徐志摩

一

这烦恼结，是谁家扭得水尖儿难透？
这千缕万缕烦恼结是谁家忍心机织？
这结里多少泪痕血迹，应化沉碧！
忠孝节义——咳，忠孝节义谢你维系
四千年史髅不绝，
却不过把人道灵魂磨成粉屑，
黄海不潮，昆仑叹息，
四万万生灵，心死神灭，中原鬼泣！
咳，忠孝节义！

二

东方晓，到底明复出，

如今这盘糊涂账，

如何清结？

三

莫焦急，万事在人为，只消耐心

共解烦恼结。

虽严密，是结，总有丝缕可觅，

莫怨手指儿酸、眼珠儿倦，

可不是抬头已见，快努力！

四

如何！毕竟解散，烦恼难结，烦恼苦结。

来，如今放开容颜喜笑，握手相劳；

此去清风白日，自由道风景好。

听身后一片声欢，争道解散了结儿，

消除了烦恼！

只是，读罢，不禁想问，徐志摩写这首诗，到底是为了反封建，还是为了林徽因？真该写给张幼仪吗？徐志摩消除了烦恼，正为此欣喜之时，可有想过孤身一人的张幼仪和孩子又当何去何从？

离完婚后，徐志摩立即回剑桥寻林徽因。无奈的是，一九二一年十月，林徽因早随父亲归国了。

后来，在一篇自述中，张幼仪说："你总是问我，我爱不爱徐志摩。你晓得，我没办法回答这个问题。我对这问题很迷惑，因为每个人总是告诉我，我为徐志摩做了这么多事，我一定是爱他的。可是，我没办法说什么叫爱，我这辈子从没跟什么人说过'我爱你'。如果照顾徐志摩和他家人叫作爱的话，那我大概爱他吧。在他一生当中遇到的几人女人里面，说不定我最爱他。"

徐志摩与张幼仪的爱情故事，被封存在苦涩的光阴深处。而纳兰容若与他的第一任妻子卢氏的故事，苦甜参半，更动人。

一六七四年春天，纳兰容若娶卢氏。这一年，纳兰容若二十岁，卢氏十八岁。

此前一年，纳兰容若因病未能参加会试，本已格外失意，而表妹入宫一事，亦使其沮丧不已。且纳兰容若对卢氏一无所知。是故，其时的纳兰容若，自是无心于婚娶之事。然而难料的是，成亲之后，纳兰容若渐渐发觉卢氏“生而婉娈，性本端庄”，且卢氏待他体贴入微，时日一久，二人感情渐笃。卢氏的到来，让纳兰容若走出了阴霾的光阴。故而不久之后，新婚燕尔的纳兰容若，深情地写下了四首绝句。

艳歌

纳兰容若

一

红烛迎人翠袖垂，相逢常在二更时。

情深不向横陈尽，见面销魂去后思。

二

欢近三更短梦休，一宵才得半风流。

霜浓月落开帘去，暗触玎玲碧玉钩。

三

细语回延似属丝，月明书院可相思。

墙头无限新开桂，不为儿家折一枝。

四

洛神风格丽娟肌，不见卢郎年少时。

无限深情为郎尽，一身才易数篇诗。

二人如此情笃，真是始料未及之事。其时，纳兰容若之父纳兰明珠已经权倾朝野，卢氏之父卢兴祖则任两广总督，一个为朝中重臣，一个为封疆大吏，故而纳兰容若的婚事，无非政治之产物而已。二人婚后相处，渐觉彼此俱是天真可爱之人，于是时常赌书泼茶，日子过得不亦乐乎。

某日大雨，纳兰容若于书房看书，久久不见卢氏，遍寻亦未见，忽于后院看到卢氏撑着两把伞，一把为自己遮挡风雨，另一把则轻轻遮住一朵初绽的荷花。

又一日，卢氏问纳兰容若何字最苦。纳兰容若不解。卢氏说："若。""若"有"如果"之意，凡"若"出现，皆是因为对某人某事无能为力。纳兰容若不仅名字中有"若"，诗词中"若"字出现得亦颇频繁，如"人生若只如初见，何事秋风悲画扇""若使春风知别苦，不应吹到柳条边""北风吹断马嘶声，深秋远塞若为情""若似月轮终皎洁，不辞冰雪为卿热"等。可见卢氏颇通文识。

纳兰容若为卢氏写了《艳歌》四首、《别意》六首、《四时无题诗》十八首、《塞垣却寄》四首，而唱和唐人元稹的那一组绝句，足可管窥二人之日常。

和元微之《杂忆诗》

纳兰容若

一

卸头才罢晚风回，茉莉吹香过曲阶。
忆得水晶帘畔立，泥人花底拾金钗。

二

春葱背痒不禁爬，十指掺掺剥嫩芽。
忆得染将红爪甲，夜深偷捣凤仙花。

三

花灯小盏聚流萤，光走琉璃贮不成。
忆得纱橱和影睡，暂回身处妬分明。

这组绝句记下了卢氏为纳兰容若搔背、纳兰容若用凤仙花为卢氏染红指甲、二人用花灯捉萤火虫的小事，温馨浪漫，亦见情深。

其时，聪颖的卢氏早已觉察到纳兰容若的心事，但卢氏并未追问，只是伴之陪之，且卢氏出身于官宦门第，自幼广读诗书，故使得纳兰容若在做好侍卫一职之余，过上了红袖添香夜读书的好时光。若说表妹是纳兰容若的白月光，一生只可远观只可怀念的话，卢氏便是他青衫上绣着的一只花蝴蝶，知其心事，伴其左右。

传言卢氏亦通诗文，然真相如何，终不可考。毕竟卢氏未有诗文流传下来，连其名字亦不可知。虽说不知其擅长诗文否，然略通应是无疑的，这从纳兰容若的一阕《浣溪沙》中可见端倪。

浣溪沙

纳兰容若

谁念西风独自凉？萧萧黄叶闭疏窗。沉思往事立残阳。

被酒莫惊春睡重，赌书消得泼茶香。当时只道是寻常。

此是一阕悼亡词，写于卢氏卒后不久，其中最为人熟知的，当属下半阕了。其中的赌书泼茶，乃出于一个典故，宋人李清照

《金石录后序》云："余性偶强记，每饭罢，坐归来堂，烹茶，指堆积书史，言某事在某书、某卷、第几页、第几行，以中否，角胜负，为饮茶先后。中即举杯大笑，至茶倾覆怀中，反不得饮而起，甘心老是乡矣"此等雅事，非文人不可为也，纳兰容若与卢氏如此雅趣，可见卢氏亦腹有锦绣也。

这些时日虽然欢快，但毕竟短了些，由于纳兰容若系御前侍卫，常伴皇帝左右，每有巡游之事，不得不扈驾而去，故此二人实则聚少离多。生性烂漫的纳兰容若刚刚走出错过会试及表妹入宫的阴影，正是性情勃发的时候，哪能忍受这相思之苦，却又无可奈何，只能以词代酒，一遣愁怀了。是故扈驾期间，纳兰容若填写了大量思念之词。

纳兰容若《菩萨蛮》云："隔花才歇廉纤雨，一声弹指浑无语。梁燕自双归，长条脉脉垂。小屏山色远，妆薄铅华浅。独自立瑶阶，透寒金缕鞋。"立瑶阶，望远山，这位浅施淡妆之人，无心梳妆，只盼夫君早日归来，为此，微雨湿了鞋子都不自知。这词无非是纳兰容若假托夫人之口，言自己渴归之事罢了。

去了江南水乡尚好，毕竟那是繁华灵秀的好地方，若是到了边塞之地，则渴归之意愈加强烈。"聒碎乡心梦不成"的纳兰容若，在山一程水一程的千帐灯里，吟了一阕《南乡子·捣衣》："鸳瓦已新霜，欲寄寒衣转自伤。见说征夫容易瘦，端相。梦里回时仔细量。支枕怯空房，且拭清砧就月光。已是深秋兼独夜，凄凉。月到西南更断肠。”明人杨慎《丹铅总录·捣衣》云：“古人捣衣，两女子对立执一杵，如舂米然。尝见六朝人画捣衣图，其制如此。”清人纪昀《阅微草堂笔记·滦阳消夏录五》云：“至移碌碡于房上，砰然滚落，火焰飞腾，击捣衣砧为数段。”捣衣后来泛指捶洗衣物，李白便曾有“长安一片月，万户捣衣声。秋风吹不尽，总是玉关情”的诗句。纳兰容若此阕《南乡子》表达得颇为简单，八个字便可概括：夫人洗衣待我归家。可见纳兰容若的思归心切了。

只是，聚少离多已教纳兰容若内心哀戚，怎料薄命的卢氏仅仅陪伴了纳兰容若三年，便撒手人寰了。

一六七七年，即二人成婚的第三年，卢氏怀孕了。其时，纳兰容若扈驾巡游颇为频繁，曾欲告假回府照顾妻子，但因故未被应允。故纳兰容若在皇宫执勤、陪皇帝巡游霸州及赵北口等地外，凡空闲时，便抽空回家陪伴卢氏。若不能回来，则与卢氏以信件往来。是年五月三十日，卢氏难产。经明医及产婆全力协助，孩子安全诞下，但卢氏因难产患上了产后风，一个月后，香消玉殒。

卢氏之死，不啻于晴天霹雳，心结本已日益解开的纳兰容若，再度陷入阴霾之中。纳兰容若曾言，“人到情多情转薄，而今真个悔多情”。不是说自己后悔为情所困，深陷情感的泥沼之中，而是说恰是因为太过深情，才会如此肝肠寸断。

一六七七年六月，即卢氏卒后半个月，内心哀戚的纳兰容若，填了一阕长调。心心念念之人已去，真能相忘于人间吗？

青衫湿遍·悼亡

纳兰容若

青衫湿遍，凭伊慰我，忍便相忘。
半月前头扶病，剪刀声、犹在银釭。
忆生来、小胆怯空房。
到而今，独伴梨花影，冷冥冥、尽意凄凉。
愿指魂兮识路，教寻梦也回廊。

咫尺玉钩斜路，一般消受，蔓草残阳。
判把长眠滴醒，和清泪、搅入椒浆。
怕幽泉、还为我神伤。
道书生簿命宜将息，再休耽、怨粉愁香。
料得重圆密誓，难禁寸裂柔肠。

此阕长调系纳兰容若自度曲调，记述了纳兰容若因卢氏生病而落泪，卢氏反过来安慰纳兰容若的事情。只是，曾经安慰纳兰容若的人，如今再也不能安慰了，哪怕梦中寻她，怕也不一定能寻着。卢氏卒后，葬于玉河皂荚屯，此为纳兰家族祖坟所在地。此后，纳兰容若为怀念卢氏写了大量词作，占了现存作品的七分之一，其中题目中标明“悼亡”的词作，便有七首。

“今已矣，便帐中重见，那似伊家？”其时，纳兰容若一度生发了厌世情绪，归根结底还是因为卢氏的离去。葬花天气，人间无味，中宵转侧，不见伊人。若有来生，能结知己否？

卢氏卒后，纳兰容若的好友叶舒崇为卢氏写了一篇悼文，或可窥见卢氏之点滴生涯。

皇清纳腊室卢氏墓志铭

叶舒崇

夫人卢氏，奉天人，其先永平人也。毓瑞医闾，形胜桃花之岛；溯源营室，家声孤竹之城。父兴祖，总督两广、兵部右侍郎、都察院右副都御史。树节五羊，申威百粤，珠江波静，冠赐高蝉，铜柱勋崇，门施行马。传唯礼义，城南韦杜之家；训有诗书，江右潘杨之族。

夫人生而婉娈，性本端庄，贞气天情，恭容礼典。明珰佩月，即如淑女之章；晓镜临春，自有夫人之法。幼承母训，娴彼七襄；长读父书，佐其四德。高门妙拣，首闻敬仲之占；快婿难求，独坦右军之腹。年十八，归余同年生成德，姓纳腊氏，字容若。乌衣门巷，百两迎归；龙藻文章，三星并咏。夫人职首供甘，义均主鬯，二南苹藻，无愧公宫；三日羹汤，便谙姑性。人称克孝，郑袤之壶攸彰；敬必如宾，冀缺之型不坠。宜尔家室，箴盥唯仪，浣我衣裳，纮綖是务。洵无訾于中馈，自不忝于大家。无何玉号麒麟，生由天上；因之调分凰凤，响绝人间。霜露忽侵，年龄不永。非无仙酒，谁传延寿之杯；欲觅神香，竟乏返魂之术。呜呼哀哉！康熙十六年五月三十日卒，春秋二十有一。

生一子海亮。容若身居华阀，达类前修，青眼难期，红尘置合；夫人境非挽鹿，自契同心，遇辟游鱼，岂殊比目。抗情尘表，则视有浮云；抚操闺中，则志存流水。于其没也，悼亡之吟不少，知己之恨尤深。今以十七年七月二十八日葬于玉河皂荚屯之祖茔。木有相思，似类杜原之兆；石曾作镜，何年华表之归。睹云气而徘徊，怅神光之离合。呜呼哀哉！

铭曰：

江名鸭绿，塞号卢龙。桃花春涨，榆叶秋丛。灵钟胜地，祥毓女宗。高门冠冕，无族鼎钟。

羊城建节，麟阁敉功。诞生令淑，秀外惠中。华标彩蕣，茂映赪桐。曰嫔君子，夭矫犹龙。

绘扉闻礼，学海耽躬。同心黾勉，有婉其容。柔性仰事，怡声外恭。移卣奉御，执匜敬共。

苹蘩精白，刀尺女红。鸳机支石，蚕月提笼。孝思不匮，俭德可风。闺房知己，琴瑟嘉通。

产同瑜珥，兆类罴熊。乃膺沉痼，弥月告凶。翠屏昼冷，画翟晨空。凤萧声杳，鸾镜尘封。

哀旐路转，挽曲涂穷。荒原漠漠，雨峡蒙蒙。千秋黄壤，百世青松。

张幼仪遇见徐志摩是不幸，卢氏遇见纳兰容若是大幸。同是第一任妻子，境况却大有不同，不禁慨叹一句：泪洒罗浮万壑中，春花尽作杜鹃红。东家蝴蝶西家燕，双宿双飞命不同。

一生一代一双人

纳兰容若曾作《画堂春》一阕："一生一代一双人，争教两处销魂。相思相望不相亲，天为谁春。浆向蓝桥易乞，药成碧海难奔。若容相访饮牛津，相对忘贫。"有人言此小令是纳兰容若为思念表妹而作，因表妹入宫如姮娥奔月而去，终不可得。此解不无道理，然另有人云，人既在天上，即言不在人间。为谁作的暂且按下不表，但此诗明白如话，如清水芙蓉，无须雕饰，已见情深。

实际上，纳兰容若除了卢氏之外，亦娶了他人。据载，一六七四年，纳兰容若娶夫人卢氏，又纳庶妻颜氏。相关记述对颜氏着墨不多，而今可知的是，纳兰容若婚后一年，即一六七五年，颜氏为纳兰容若诞下一子，取名富格。

一六七七年，卢氏去世，纳兰明珠夫妇见纳兰容若落寞憔悴，心中不忍，便欲以继娶之事为纳兰容若冲喜，希望借此，使纳兰容若重新振作起来。故而张罗很久之后，一六八〇年，纳兰容若继娶官氏。官氏为瓜尔佳氏，其父是光禄大夫少保一等公瓜尔佳·朴尔普，其祖父是一等昭勋公瓜尔佳·图赖。

官氏家世亦颇不俗，但于纳兰容若而言，一切俱是浮云流水。因此多情的纳兰容若，对官氏亦分外无情起来。其时，官氏之于纳兰容若，不恰似张幼仪之于徐志摩吗？那么颜氏呢？

尽管不愿继娶，但家族的安排是不得不遵从的，纳兰容若虽未抗议，但文字中已然流露出了不悦的端倪。在此期间，纳兰容若填了一阕小令，言说自己不愿续弦。

减字木兰花·新月

纳兰容若

晚妆欲罢，更把纤眉临镜画。

准待分明，和雨和烟两不胜。

莫教星替，守取团圆终必遂。

此夜红楼，天上人间一样愁。

其时，卢氏魂归天外，纳兰容若独守人间，二人分离，为何愁肠百结？不正是因为深爱吗？而且是一样的愁，可见纳兰容若的心思。下阕首句即说莫教星替，纳兰容若将卢氏比作新月，不愿意星星将她取代，言外之意是不愿续弦，哪怕续了弦，星星也是取代不了月亮的位置的。赵秀亭、冯统一在《饮水词笺校》中评鉴该词道："词上片写新月，新月如眉，遂思及亡妻。下片示无心再娶，幻想与亡妻尚有再见之日。揆性德诸词，继娶官氏似非主动，且至少在卢氏卒三年之后。"

不止如此，至卢氏祭日，纳兰容若还填词悼念。可见人间虽已过了三年，但纳兰容若对卢氏之情，未曾动摇过。

金缕曲·亡妇忌日

纳兰容若

此恨何时已。

滴空阶、寒更雨歇，葬花天气。

三载悠悠魂梦杳，是梦久应醒矣。

料也觉、人间无味。

不及夜台尘土隔，冷清清、一片埋愁地。

钗钿约，竟抛弃。

重泉若有双鱼寄。

好知他、年来苦乐，与谁相倚？

我自中宵成转侧，忍听湘弦重理。

待结个、他生知己。

还怕两人俱薄命，再缘悭、剩月零风里。

清泪尽，纸灰起。

已经继娶了官氏，纳兰容若依旧发问：与谁相倚？可知在纳兰容若心里，官氏并非自己的知己。卢氏已卒，知己只能他生再结。

纳兰容若曾代友人填了一阕悼亡词，其时的他，不知是否深有感触。《沁园春》云:“梦冷蘅芜,却望姗姗,是耶非耶?怅兰膏渍粉,尚留犀合;金泥蹙绣,空掩蝉纱。影弱难持,缘深暂隔,只当离愁滞海涯。归来也,趁星前月底,魂在梨花。鸾胶纵续琵琶,问可及、当年萼绿华。但无端摧折,恶经风浪;不如零落,判委尘沙。最忆相看,娇讹道字,手剪银灯自泼茶。令已矣,便帐中重见,那似伊家。”另有一说,即此长调便是纳兰容若为悼念卢氏而作的。不管如何,此词已注入了纳兰容若的心事,他问可及当年萼绿华?他问那似伊家?无论怎样,星星终究取代不了月亮。她还是她,还是他心心念念的如初见的卢氏。

纳兰容若原以为,真的可以一生一代一双人,真的可以一生只爱一个人,因此他对颜氏和官氏,从未动心过。后来他才知道,原来,当初的不动心,只是因为没有遇见那个让他动心的女子。

直至沈宛出现。

《全清词抄》载:“沈宛,字御蝉,浙江乌程人,纳兰性德室,有《选梦词》。”此段文字颇为重要,其中有两点信息值得留意。一是沈宛著有《选梦词》,可知其为江南才女;二是沈宛与纳兰容若关系颇为密切。《金元明清词选》从数以万计的清人作品中选词二百余首,单是沈宛的词作便录了二首,可见沈宛尤擅填词。

二人相识,应归功于顾贞观。其时,纳兰容若痛失卢氏,无以遣怀，遂将精力移至与友人唱和乐游，借此暂忘卢氏，不至于整日愁闷。一日，纳兰容若与诸友宴饮于渌水亭，顾贞观将抄录的一阕小令递给纳兰容若，《朝玉阶·秋月有感》云：“惆怅凄凄秋暮天。萧条离别后，已经年。乌丝旧咏细生怜。梦魂飞故国、不能前。无穷幽怨类啼鹃。总教多血泪，亦徒然。枝分连理绝姻缘。独窥天上月、几回圆。”此词不事雕琢而自有风味，教纳兰容若读得如痴如醉。几经追问之下，纳兰容若才知词作者为江南才女沈宛。此时，沈宛已在纳兰容若的心上播下了种子。

顾贞观曾给纳兰容若修书一封：“望前附一缄于章藩处，计应彻览。弟比日一与汉槎共读萧选，颇娱岑寂，祇以不对野王为怊怅耳。黄处捐纳事，望力促以竣，不可以泄泄委之也。顷闻峰泖之间颇饶佳丽，吾哥能泛舟一往乎。前字所言半塘，魏叟两处如何。倘有便邮，即以一缄相及。杪夏新秋，准期握手。又闻琴川沈姓有女颇佳，望吾哥略为留意。愿言缕缕，嗣之再邮，不尽。鹅梨顿首。”可见顾贞观正在极力撮合二人。

后来，在顾贞观的引荐之下，二人开始了书信往来。直至一六八四年，纳兰容若扈驾南巡，二人方有了见面之机。是年五月，纳兰容若扈驾至古北口外避暑，七月底归。八月至十一月，纳兰容若随皇帝至金陵、扬州、苏州等地。恰是这些时日，纳兰容若与沈宛不仅见了面，并且一见如故，很快结为连理。

其时，纳兰容若填了一阕小令，记述了二人在江南的欢快生活。《浣溪沙》云："惜春春去惊新燠，粉融轻汗红绵扑。妆罢只思眠，江南四月天。绿阴帘半揭，此景清幽绝。行度竹林风，单衫杏子红。"其时虽是十月，然于纳兰容若而言，不啻于人间四月，春意盎然。

不久，南巡结束，纳兰容若不得不扈驾回京。纳兰容若离去后，沈宛难解相思之苦，便填了一阕小令，以记述二人的江南生活。《菩萨蛮·忆旧》云："雁书蝶梦皆成杳，月户云窗人悄悄。记得画楼东，归骢系月中。醒来灯未灭，心事和谁说？只有旧罗裳，偷沾泪两行。""雁书蝶梦皆成杳"点明此词写于纳兰容若回京之后，"归骢系月中"记述了二人游玩归来之事，"醒来灯未灭"道出自己因相思而辗转反侧，"偷沾泪两行"是因为自己睹物思人。二人俱有才名，唱和之作不仅回味可品，亦记下了二人的轻快时光。

其时，大清有一项禁令：满汉不通婚。且沈宛只是一名民间女子，权势非凡的纳兰家族自是不愿将其接纳入府。在此背景下，二人走到一起殊为困难。双重压力之下，纳兰容若只能另择方法。在此期间，纳兰容若以词代信，聊寄相思。

临江仙

纳兰容若

昨夜个人曾有约，严城玉漏三更。

一钩新月几疏星。夜阑犹未寝，人静鼠窥灯。

原是瞿唐风间阻，错教人恨无情。

小阑干外寂无声。几回肠断处，风动护花铃。

曾有人评此词：“情至语还自解，叹妙。”纳兰容若词作之情至语者，十之七八也，然此阕尤甚。此阕小令有着特定的情感流转——相约、等待、爽约、遗憾、思念，由此可见纳兰容若之一往情深。这也揭示了纳兰容若在江南之时，曾许诺接其至京城，然因种种原因，只能爽约。

沈宛看过此词后，深知纳兰容若处境，亦作了一阕《临江仙》寄之。

临江仙

沈宛

难驻青皇归去驾，飘零粉白脂红。

今朝不比锦香丛。画梁双燕子，应也恨匆匆。

迟日纱窗人自静，檐前铁马丁冬。

无情芳草唤愁浓。闲吟佳句，怪杀雨兼风。

经过一段时间的考量，一六八四年岁暮，纳兰容若秘密将沈宛接至京城，并纳其为副室。其时，大清有“妻称室，妾称副室”的体例。二人之关系，渌水亭之往来诸友俱是知悉，申俞兆曾为纳兰容若写了一阕悼词，即《洞仙歌》，其中有一句云：“问新来、倚床选梦，侧帽征歌，凄凉付、一霎西窗风雨。”将《选梦词》《侧帽集》二集并提，已委婉道出二人关系。沈宛虽嫁给了纳兰容若，但却没有正式名分，然二人情投意合，在文人间亦被传为一桩美谈。

至北京不久，沈宛便怀孕了，并于一六八五年冬天，为纳兰容若诞下一子，取名富森。只是纳兰容若没有福分，未能亲见自己孩子便驾鹤西去。是故富森成了一名遗腹子。

纳兰容若自幼病痛缠身，因病错过会试已是一生之憾，不料上天并未放过他，在他得遇良缘没多久之后，便夺去了他的生命，甚至让他连自己的孩子也没能见上一眼。早在江南之时，纳兰容若便已疾病缠身，这是十九岁那年寒疾发作时留下的病根。

《临江仙·永平道中》云：“独客单衾谁念我，晓来凉雨飕飕。缄书欲寄又还休。个侬憔悴，禁得更添愁。曾记年年三月病，而今病向深秋。卢龙风景白人头。药炉烟里，支枕听河流。”此词系纳兰容若病中所作。其时，纳兰容若奉命赴梭龙地区侦察。由此词可以推断，自一六八二年起，纳兰容若寒疾发作频繁，已经到了药不离身的程度。

纳兰容若卒后，沈宛的去向便不可知了。其实，除却与纳兰容若的这一段，沈宛之前之后的生平，历史不曾着过一字。历史如大江，经百年千年的大浪淘沙之后，一些人一些事竟连一粒沙子都不如，着实可悲可叹也。

《众香词》录沈宛词作五首。前文已录三首，《一痕沙·望远》下阕缺末一句，久寻未得，故不录之。其《长命女》云：“黄昏后，打窗风雨停还骤。不寐乃眠久。渐渐寒侵锦被，细细香消金兽。添段新愁和感旧，拚却红颜瘦。”不知此阕小令是否是沈宛在纳兰容若卒后所作，不过可以知道的是，纳兰容若成了沈宛一生的白月光。每至月白风清之时，有一名女子倚栏远望，那个为她添衣之人，却再也不会出现了。

纳兰容若的第二任妻子为官氏。“不教星替”的纳兰容若，似乎从未接受这个妻子。这与徐志摩的第二任妻子的境遇十分不一样。徐志摩自遇到陆小曼起，便彻底沉沦进去了。

陆小曼，一九〇三年生，名眉，别名小眉、小龙，江苏常州人氏。一九〇三年，陆小曼生于上海市孔家弄。一九〇九年，随母亲赴北京，与父亲陆定一起生活。次年，就读于北京女子师范大学附属小学。一九一八年，入北京圣心学堂读书。同年，其父聘请一名英国女教师教授其英文。一九二〇年，被北洋政府外交总长顾维钧聘用，兼职担任外交翻译。一九二二年，离开圣心学堂，与高级军官王赓成婚。一九二四年，出演《春香闹学》，并结识徐志摩。是年年底，翻译意大利戏剧《海市蜃楼》。一九二五年年初，与徐志摩热恋。是年八月，拜著名画家刘海粟为师学画。是年年底，与王赓离婚。一九二六年八月十四日，与徐志摩订婚。是年十月，与徐志摩成婚。一九二七年，随徐志摩回上海不久，结识翁瑞午。一九二八年七月，与徐志摩合著的《卞昆冈》发行。是年夏天，与徐志摩、叶恭绰共游西湖。一九二九年，参与中国女子书画会的成立筹备工作。是年五月，接待泰戈尔。次月与翁瑞午等人游“西湖博览会”。一九三一年十一月十九日，徐志摩因飞机失事去世。是年十二月，应邵洵美之邀，为徐志摩遗作《云游》作序。一九三三年，整理徐志摩写的《眉轩琐语》，在《时代画报》第三卷第六期上发表，后该文编入《志摩日记》(陆小曼于一九四七年所编)。一九三四年，在第三十八期《论语》上，刊其为《爱眉小札》作的序文。一九三六年，良友图书公司出版图书《爱眉小札》。同年，加入中国女子书画会。一九四一年，在上海大新公司开个人画展。一九四三年二月，受桂林良友复兴图书公司邀请，再次为《爱眉小札》作序。一九四七年三月，由晨光图书出版公司出版徐志摩一九一八年的《西湖记》，一九二六年至一九二七年的《眉轩琐语》，以及徐志摩亲笔题名的《一本没有颜色的书》。这三部作品和已出的《爱眉小札》《小曼日记》，总题为《志摩日记》。一九五六年四月，受到陈毅市长的关怀，被安排为上海文史馆馆员。是年，入农工民主党，担任上海市徐汇区支部委员。一九五八年，成为上海中国画院专业画师，并加入上海美术家协会。一九五九年，任上海市人民政府参事室参事。是年，被全国美协评为“三八红旗手”。一九六五年四月三日，在上海华东医院逝世。

漂亮、聪明、活泼、机灵……陆小曼自幼时起，便已是男孩子眼中的“公主”。入北京圣心学堂读书后，成绩优异、精通外文的陆小曼，很快成了学校的风云人物。其时，北洋政府外交部总长顾维钧急需一名精通外文的女子接待外国使节，便请以培养名媛著称的圣心学堂推荐人选。精通外文、集美貌与才识于一身的陆小曼成了不二人选。自此，陆小曼开始频繁活跃于各类活动，成了当时的交际名媛。磊庵在《陆小曼与徐志摩艳史》中转抄了梁实秋《谈徐志摩》中的一段文字，略可领受陆小曼其时之魅力："北京的外交部常常举行交际舞会，小曼是跳舞能手，假定这天舞池里没有她的倩影，几乎阖座为之不欢，中外男宾，固然为之倾倒，就是中外女宾，好像看了她也目眩神迷，欲与一言以为快。而她的举措得体，发言又温柔，仪态万方，无与伦比。"

绝代有佳人，遗世而独立，一顾倾人城，再顾倾人国。如此一位绝代佳人，追求者自是不少，但陆小曼父母眼界颇高，很多求婚者不得不铩羽而归。直至王赓出现，陆小曼的父母才露出满意的神色。

王赓同徐志摩、陆小曼一般，亦是少年得志，一九一一年自清华大学毕业，先后就读于密歇根大学、哥伦比亚大学、普林斯顿大学，后转入西点军校学习，与后来就任美国第三十四任总统的德怀特·戴维·艾森豪威尔成为同学。王赓归国后，曾就职于北洋陆军部，并以中国代表团武官身份参加巴黎和会，后任交通部护路军副司令并晋升少将。

在陆小曼父母的操办之下，陆小曼与王赓仅用了几个月时间便举行了婚礼。而二人自订婚至成婚，用了不到一个月的时间。二人对彼此了解不深，磨合的时间亦是不够。这给二人日后的婚姻生活埋下了隐患。王赓是军校出身，将生活与工作分得十分清楚，认为周一至周五俱是上班时间，周末的两天才是娱乐轻松的时间，如此严谨而刻板的生活态度，使时常参与社交活动的陆小曼觉得颇为无趣。

一九一八年，王赓担任巴黎和会中国代表团上校武官兼外交部外文翻译，结识了在巴黎和会周边到处呼吁中国权益的梁启超，并成为梁启超的弟子。因了这一层关系，徐志摩归国后，便与王赓结识了。而徐志摩主编《晨报副刊》时，陆小曼曾投过稿子，是故二人早已结下了缘分。其时，徐志摩因林徽因一事极度失意，内心苦闷不已，故而时常去寻王赓、陆小曼二人同玩。后来，王赓在哈尔滨任职，为打发寂寥时间，陆小曼与徐志摩相处愈密。在此情形下，如郁达夫所言："忠厚柔艳如小曼，热情诚挚如志摩，遇合在一道，自然要发放火花，烧成一片，哪还顾得上伦教纲常，更顾不得宗法家风……"于是，随着时日渐久，二人不可避免地碰撞出了爱的焰火。

陆小曼在《爱眉小札》的序文中写道：

在我们初次见面的时候（说来也十来年了），我是早已奉了父母之命媒妁之言同别人结婚了，虽然当时也痴长了十几岁的年龄，可是性灵的迷糊竟和稚童一般。婚后一年多才稍懂人事，明白两性的结合不是可以随便听凭别人安排的，在性情与思想上不能相谋而勉强结合是人世间最痛苦的一件事。当时因为家庭间不能得着安慰，我就改变了常态，埋没了自己的意志，葬身在热闹生活中去忘记我内心的痛苦。又因为我娇慢的天性不允许我吐露真情，于是直着脖子在人面前唱戏似的唱着，绝对不肯让一个人知道我是一个失意者，是一个不快乐的人。这样的生活一直到无意间认识了志摩，叫他那双放射着神辉的眼睛照彻了我内心的肺腑，认明了我的隐痛，更用真挚的感情劝我不要再在骗人欺己中偷活，不要自己毁灭前程，他那种倾心相向的真情，才使我的生活转换了方向，而同时也就跌入了恋爱中了。

读此段文字可知，陆小曼与王赓的情感问题，非一朝一夕形成之事。陆小曼在日记中写道："其实我不羡富贵，也不慕荣华，我只要一个安乐的家庭，如心的伴侣，谁知连这一点要求都不能得到，只落得终日里孤单的，有话都没有人能讲，每天只是强自欢笑地在人群里混。”而徐志摩的恰巧出现，教陆小曼于茫然的大海中寻到了灯塔。

于是，二人彻底陷入热烈的恋爱中去了。但由于伦理纲常的制约，二人遭受了极大的压力，徐志摩倒还好些，毕竟已离了婚，但陆小曼还是有夫之妇，其压力之大可想而知。其时，恰巧恩厚之从英国来信，信中称泰戈尔身体欠佳，欲邀其至意大利相见。徐志摩虽不愿离陆小曼太远，但为减小其压力，使其舒缓过来，亦为了暂时逃离风口浪尖，于是便同意了。陆小曼到底是同意的，她说：“为了家庭和社会都不谅解我和志摩的爱，经过几度的商酌，便决定让志摩离开我到欧洲去作一个短时间的旅行。”临出发前，徐志摩放心不下，一再叮嘱陆小曼，让其务必坚定信念：“我十几个钟头内就要走了，丢开你走了……我不愿意替你规定生活，但我要你注意缰子一次拉紧是松不得的，你得咬紧牙齿暂时对一切的游戏娱乐应酬说一声再会，你干脆得谢绝一切的朋友，你得彻底的刻苦……再不能管闲事，管闲事空惹一身骚；也再不能发脾气。记住，只要你耐得住半年，只要你决意等我，回来时一定使你满意欢喜，这都是可能的；天下没有不可能的事——只要你有信心，有勇气，腔子里有热血，灵魂里有真爱。龙呀！我的孤注就押在你的身上了！再如失望，我的生机也该灭绝了……”同时，二人约定每日写信，在此情形下，二人不仅没因距离而疏远，反而愈加亲密。

陆小曼在日记中写道：“一个月之前我就动了写日记的心，因为听得先生们讲各国大文豪写日记的趣事，我心里就决定来写一本玩玩……一直到昨天摩叫我当信一样写，将我心里所想的，不要遗漏一字的都写了上去，我才决心如此做了，等摩回来时再给他当信看。这一下我倒有了生路了……昨天摩出国，我本不想去车站送他，可是又不能不去，在人群中又不能流露出十分难受的样子，还只是笑嘻嘻地谈话，恍惚满不在意似的……不过这几天从摩走后，这世界好像又换了一个似的，我到东也不见他那可爱的笑容，到西也不听见他那柔美的声音，一天到晚再也没有一个人来安慰我，真觉得做人无味极了，为什么一切事情都不能遂心适意呢……临睡时又看了几张摩的日记，不觉又难受了半天。可叹我自小就是心高气傲，想享受别的女人不大容易享受得到的一切，而结果现在反成了一个一切都不如人的人……所幸现在已有几个知己朋友们知道我，明白我，最知我者当然是摩：他知道我，他简直能真正了解我，我也明白他，我也认识他是一个纯洁天真的人，他给我的那一片纯洁的真，使我不能不还给他一个整个的圆满的永没有给过别人的爱的。”在此种情形下，便有了《爱眉小札》中的《小曼日记》。

徐志摩亦不闲着，写给陆小曼的书信如灼灼桃花，竟相绽放。

一九二五年三月十八日，在西伯利亚途中，徐志摩写道：“小曼：好几天没信寄你，但我这几天真是想家的厉害。每晚（白天也是的）一闭上眼就回北京，什么奇怪的花样都会在梦里变出来。曼，这西伯利亚的充军，真有些儿苦，我又晕车，看书不舒服，写东西更烦，车上空气又坏，东西也难吃，这真是何苦来。同车的人不是带着家眷便是回家去的，他们在车上多过一天便离家近一天，就只我这傻瓜甘心抛去暖和热闹的北京，到这荒凉境界里来叫苦！再隔一个星期到柏林，又得对付她了；小曼，你懂得不是？……小曼，现在我这里下午六时，北京约在八时半，你许正在吃饭，同谁？讲些什么？为什么我听不见？”

一九二五年五月二十七日，徐志摩在佛罗伦萨写道：“小曼：W的回电来后，又是四五天了，我早晚忧巴巴的只是盼着信，偏偏信影子都不见，难道你从四月十三写信以后，就没有力量提笔？W的信是二十三，正是你进协和的第二天，他说等‘明天’医生报告病情，再给我写信，只要他或你自己上月寄出信，此时也该到了，真闷煞人……近来不说功课，不说日记，连信都没有，可见你病得真乏了。你最后倚病勉强写的那两封信，字迹潦草，看出你腕劲一些也没有，真可怜，曼呀，我那时真着急，简直怕你死，你可不能死，你答应为我活着……盼望你早已健全，我永远在你的身边，我的曼。”

陆小曼亦回信道：“摩，为你我还是拼命干一下得好，我要往前走……非到力尽我决不回头的……只有你，摩！第一个人从一切的假言假笑中看透我的真心……我自从认识了你，我就有了改变生活的决心，为你我一定要认真地做人了……自从见着你，我才像乌云里见着了青天，我才知道自埋自身是不应该的，做人为什么不轰轰烈烈地做一番呢？我愿意从此跟你往高处飞，往明处走，永远再不自暴自弃了。”

后来，王赓调去上海，并让陆小曼的母亲即刻送陆小曼至上海，陆小曼又气又急，便病倒了。病中，陆小曼写信给徐志摩道：“摩！唯一的希望是盼你能在二星期中飞到，你我作一个最后的永诀……”接到信后，徐志摩也急了，连忙写信给恩厚之，称有急事不能赴约，次日即从巴黎赶回……至七月底，终于赶回了北京。

徐志摩的归来，无疑给陆小曼注入了一针强心剂。为了二人的终身幸福，徐志摩不断奔走于刘海粟等友人之间，希望大家能够从中斡旋。在此期间，徐志摩作了《两地相思》一诗，为彼此打气鼓劲。

两地相思

徐志摩

（一）他——

今晚的月亮像她的眉毛，
这弯弯的够多俏！
今晚的天空像她的爱情，
这蓝蓝的够多深！
那样多是你的，我听她说，
你再也不用疑惑；
给你这一团火，她的香唇，
还有她更热的腰身！
谁说做人不该多吃苦！——
吃到了底才有数。
这来可苦了她，盼死了我，
半年不是容易过！

她这时候，我想，正靠着窗，

手托着俊俏的脸庞，

在想，一滴泪正挂在腮边，

像露珠沾上草尖：

在半忧愁半欢喜地预计，

计算着我的归期：

啊，一颗纯洁的爱我的心，

那样的专！那样的真！

还不催快你胯下的牲口，

趁月光清水似流，

趁月光清水似流，赶回家

去亲你唯一的她！

（二）她——

今晚的月色又使我想起

我半年前的昏迷，

那晚我不该喝那三杯酒，

添了我一世的愁；

我不该把自由随手而扔，——

活该我今儿的闷！

他待我倒真是一片至诚，

像竹园里的新笋，

不怕风吹，不怕雨打，一样

他还是往上滋长；

他为我吃尽了苦，就为我

他今天还在奔波；——

我又没有勇气对他明讲

我改变了的心肠！

今晚月儿弓样，到月圆时

我，如何能躲避！

我怕，我爱，这来我真是难，

恨不能往地底钻；

可是你，爱，永远有我的心，

听凭我是浮是沉；

他来时要抱，我就让他抱，

（这葫芦不破的好，）

但每回我让他亲——我的唇，

爱，亲的是你的唇！

徐志摩、陆小曼交好是公开的，二人出入必偕，王赓怎会不知？是故，王赓与陆小曼时起口角。王赓曾修书一封给陆小曼：“如念夫妻之情，立刻南下团聚，倘若另有所属，决不加以拦阻。”只是，这封信到底没起什么作用。有一天，二人又发生了一次较大的争执，王赓当着众人的面指责陆小曼，陆小曼气愤不已，直言今后不回王家。后来，王赓见陆小曼心意已决，自知感情已然破裂，再做纠缠只会各添恼恨，于是借调职之机去了南京。再后来，在刘海粟等人的斡旋下，一九二五年九月王赓与陆小曼离了婚。王赓曾对徐志摩说：“我们大家是知识分子，我纵和小曼离了婚，内心并没有什么成见，可是你此后对她务必始终如一，如果你三心两意，给我知道，我定会以激烈手段相对的。”

曾打了三封电报给远在北京的徐志摩说“志摩，快回来，再不回来，我顶不住了”的陆小曼，其时欣喜若狂地想要将离婚的讯息分享给他。于是，一九二六年农历乞巧节，徐志摩、陆小曼二人于北京北海公园正式订婚。是年十月，二人于订婚之地成婚。婚礼由胡适主持，梁启超证婚并致辞。二人成婚时，还给王赓发了一份请柬，王赓虽未参加婚礼，却请人代送了一份贺礼。

只是，不曾料想的是，二人婚礼上发生了一段小插曲。本来，证婚人在婚礼上的致辞应俱是美言善词，而梁启超之致辞，令新人及满堂宾客无不失色。婚礼上，梁启超霍然起身，向徐志摩、陆小曼致了一段颇为另类的证婚词：

我来是为了讲几句不中听的话，好让社会上知道这样的恶例不足取法，更不值得鼓励——

徐志摩，你这个人性情浮躁，以至于学无所成，做学问不成，做人更是失败，你离婚再娶就是用情不专的证明！

陆小曼，你和徐志摩都是过来人，我希望从今以后你能恪遵妇道，检讨自己的个性和行为，离婚再婚都是你们性格的过失所造成的，希望你们不要一错再错自误误人。

不要以自私自利作为行事的准则，不要以荒唐和享乐作为人生追求的目的，不要再把婚姻当作儿戏，以为高兴可以结婚，不高兴可以离婚，让父母汗颜，让朋友不齿，让社会看笑话！

总之，我希望这是你们两个人这一辈子最后一次结婚！这就是我对你们的祝贺！我说完了！

此段致辞不可谓不严厉，直切徐志摩、陆小曼的软肋。后来，在给子女的信中，梁启超这样写道："我昨天做了一件极不愿意做之事，去替徐志摩证婚。他的新妇是王受庆夫人，与志摩恋爱上，才和受庆离婚，实在是不道德至极。我屡次告诫志摩而无效。胡适之、张彭春苦苦为他说情，到底以姑息志摩之故，卒徇其情。我在礼堂言说一篇训词，大大教训一番，新人及满堂宾客无一不失色，此恐是中外古今所未闻之婚礼矣。今把训词稿子寄给你们一看。青年为感情冲动，不能节制，任意决破礼防的罗网，其实乃是自投苦恼的罗网，真是可痛，真是可怜。徐志摩这个人其实聪明，我爱他不过，此次看他陷于灭顶，还想救他出来，我也有一番苦心。老朋友们对于他这番举动无不深恶痛绝，我想他若从此见摈于社会，固然自作自受，无可怨恨，但觉得这个人太可惜了，或者竟弄到自杀。我又看着他找的这样一个人做伴侣，怕他将来苦痛更无限，所以想对那个人当头一棒，盼望她能有觉悟（但恐甚难），免得将来把志摩累死，但恐不过是我极痴的婆心便了。闻张歆海近来也很堕落，日日只想做官，志摩却是很高洁，只是发了恋爱狂——变态心理——变态心理的犯罪。此外还有许多招物议之处，我也不愿多讲了。品性上不曾经过严格的训练，真是可怕，我把昨日的感触，专写这一封信给思成、徽因、思忠们看。”可知措辞虽严厉，却也是为了徐志摩好。

婚后的徐志摩、陆小曼颇为欢喜，徐志摩认为自己经历了磨难，终于修成了正果。他在给恩厚之的信中写道：“我经过一场苦斗，忍受了许多创痛，那时候除了一二知己的同情外，几乎一切事情都与我作梗。但我毕竟胜利了——我击败了一股强悍无比的恶势力，就是一类社会赖以为基的无知和偏见。”

不久后，徐志摩辞去《晨报副刊》主编一职，偕陆小曼南下拜望父母，但陆小曼并未赢得认可。一个月后，徐志摩便偕陆小曼去了上海。至上海后，这个繁华而富丽的大都市，教陆小曼恢复了社交的习性，而时日愈久，二人的问题便逐渐突显出来。二人虽俱酷爱自由和热闹，然二人所追求的自由和热闹却有云泥之别。徐志摩之自由，乃是精神的放飞，陆小曼的则是无拘无束。徐志摩之热闹，乃是知己趣友之间齐聚一堂，阔谈天下与古今，陆小曼的则是舞池的灯红酒绿、赌场的人声鼎沸。故而婚后不久，陆小曼便没有了最初的激情，时常流连于赌场、舞厅，或凌晨方归，过了中午才起床，下午作画、会客，至晚上复又出去。徐志摩经常婉劝，久了之后，陆小曼渐觉反感。

在《爱眉小札》中，这样的婉劝无处不在：“你还不曾回家，我想象你此时坐在一群叫嚣不相干的俗客中间，看他们放肆地赌，你尽愣着，眼泪向里流着，有时你还得赔笑脸，眉，你还不厌吗？这种无谓的生活，你还不造反吗，眉？”徐志摩还用凌叔华的话来刺激陆小曼，盼其能够疏远此种颓废的生活：“我觉得自己无助得可怜，但是，一看小曼，我觉得自己运气比她高多了。如果我精神上来，多少可以做些事业，她却难上难，一不狠心立志，险得很。岁月蹉跎，如何能保守健康精神与身体！”只是这样的婉劝适得其反，陆小曼不仅不感动，甚至开始抱怨自己成了笼中囚鸟，被徐志摩管东管西。陆小曼曾向王映霞诉苦道：“照理讲，婚后生活应该过得比过去甜蜜而幸福，实则不然，结婚成了爱情的坟墓。志摩是浪漫主义诗人，他所憧憬的爱，是虚无缥缈的爱，最好永远处于可望而不可即的境地，一旦与心爱的女友结了婚，幻想泯灭了，热情没有了，生活便变成白开水，淡而无味。志摩对我不但没有过去那么好，还干预我的生活，叫我不要打牌，不要抽鸦片，管头管脚，我过不了这样拘束的生活。我是笼中的小鸟，我要飞，飞向郁郁苍苍的树林，自由自在。”

二人情感状况的消息传到了徐家，本就不愿接纳陆小曼的徐家更生反感，于是，对陆小曼十分不满的徐申如切断了对二人的经济供给。徐志摩不得不自行解决二人的各项开支：一是于光华、东吴、大夏三所大学同时任教；二是赶写诗文赚取稿费。每当徐志摩辛勤赚钱之时，陆小曼却在繁华之处纸醉金迷，想必其时的徐志摩，内心是极为苦闷和怅然的。而徐志摩在其时已对爱情产生了犹疑，但他没有直言出来，而是付诸笔端，写了一首诗歌。

恋爱到底是什么一回事

徐志摩

恋爱他到底是什么一回事？
他来的时候我还不曾出世；
太阳为我照上了二十几个年头，
我只是个孩子，认不识半点愁；
忽然有一天——我又爱又恨那一天——
我心坎里痒齐齐的有些不连牵，
那是我这辈子第一次的上当，
有人说是受伤——你摸摸我的胸膛——
他来的时候我还不曾出世，
恋爱他到底是什么一回事？

这来我变了，一只没笼头的马，
跑遍了荒凉的人生的旷野：

又像那古时间献璞玉的楚人，

手指着心窝，说这里面有真有真，

你不信时一刀拉破我的心头肉，

看那血淋淋的一掬是玉不是玉；

血！那无情的宰割，我的灵魂！

是谁逼迫我发最后的疑问？

疑问！这回我自己幸喜我的梦醒，

上帝，我没有病，再不来对你呻吟！

我再不想成仙，蓬莱不是我的分；

我只要这地面，情愿安分的做人——

从此再不问恋爱是什么一回事，

反正他来的时候我还不曾出世！

陆小曼颇好票戏，时常登堂客串。徐志摩投其所好，亦时常为之配戏。有一次，二人一起演出京剧《女起解》，陆小曼饰苏三，徐志摩饰解差，徐志摩神情十分到位，在场之人多喝彩。又一次，二人演出《三堂会审》，陆小曼依旧饰苏三，徐志摩饰陪审，翁瑞午饰端坐于三司堂上的王金龙。

翁瑞午，一八九九年生，江苏吴江人氏。翁瑞午自小接受正规的文人教育，随赵叔儒学书画，随况周仪学诗文，随丁凤山学中医推拿。其会唱京剧昆曲，深得梅兰芳赏识。又擅长行书、小楷，喜爱收藏，出口成诗，与张大千、赵眠云、江小鹣等人为深交。

正是因了演出《三堂会审》，陆小曼才渐与翁瑞午交好。其时，陆小曼和翁瑞午配戏，而翁瑞午赋性风流，业已蜚声票界，是故二人对彼此的印象都颇不错。陆小曼因旧疾复发，而中医推拿乃翁瑞午的一项绝技，经翁瑞午一番推拿，果然手到病除。自此，翁瑞午成了徐志摩家中的常客。后来，徐志摩全家及宾客去看杭州西湖博览会，均由翁瑞午作陪。陆小曼喜丹青，翁瑞午便将家中旧藏名画赠之。生活中的种种，凡徐志摩不能办到的，翁瑞午都能办到。

后来，陆小曼病痛愈加严重。在翁瑞午的劝说下，陆小曼吸食起了鸦片。于是，二人躺在榻上吸食鸦片，竟成了日常之事。二人私情渐渐深厚。初时，徐志摩觉得“男女的情爱，既有分别，丈夫绝对不许禁止妻子交朋友，何况芙蓉软榻，看似接近，只能谈情，不能做爱”，这一态度无疑助长了陆小曼的放纵。此后，徐志摩发现了端倪，实在苦闷难遣。后为增加收入，亦为了避离纠缠，徐志摩接受了北京大学的兼职。因陆小曼留恋上海，不愿赴京，徐志摩不得不于京沪两地来回奔波。在北京时，徐志摩几乎每隔一天就给陆小曼写一封信，其中一封信写道：“我对你的爱，只有你自己最知道。前三年你初沾上习的时候，我心里不知有几百个早晚，像有蟹在横爬，不提多么难受。但因你身体太坏，竟连话都不能说。我又是好面子，要做西式绅士的。所以至多只是短时间绷长着一个脸，一切都忧在心里。如果不是我身体茁壮，我一定早得神经衰弱。”

这段时日，徐志摩颇不得意。因窘迫的生活及对现实的失望，徐志摩身心俱疲。他曾写信给友人道：“我这一年来专做教书匠……心里总不自在。上海的生活实在于我不相宜。”后来，徐志摩应暨南大学文学社团秋野社之邀，做了一场讲演，他在讲演中说道：“我那时感着的沉闷，真是一种不可形容的沉闷。它仿佛是一座大山，我整个的生命叫它压在底下。我那时的思想简直是毒的，我有一首诗，题目就叫《毒药》。开头部分的内容是，‘今天不是我唱歌的日子，我口边涎着狞恶的冷笑，不是我说笑的日子，我胸怀间插着发冷光的刀剑。相信我，我的思想是恶毒的，因为这世界是恶毒的，我的灵魂是黑暗的，因为太阳已经灭绝了光彩，我的声调像是坟堆里的夜鸮，因为人间已经杀尽了一切的和谐，我的口音像是冤鬼责问他的仇人，因为一切的恩已经让路给一切的怨’”。可知其时的徐志摩无论在精神上还是生活上俱陷入了困顿之中，不过徐志摩还是怀揣着一点希望的，于是他在讲演中又说：“我借这一首不成形的咒诅的诗，发泄了成一腔的闷气，但我却并不绝望，并不悲观，在极深刻的沉闷的底里，我那时还摸着了希望。”但这个希望是茫然的，是缥缈的，因此这一时期，徐志摩又作了一首《我不知道风是在哪一个方向吹》，以宣泄内心的惘然。

我不知道风是在哪一个方向吹

徐志摩

我不知道风
是在哪一个方向吹——
我是在梦中，
在梦的轻波里依洄。

我不知道风
是在哪一个方向吹——
我是在梦中，
她的温存，我的迷醉。

我不知道风
是在哪一个方向吹——
我是在梦中，
甜美是梦里的光辉。
我不知道风
是在哪一个方向吹——
我是在梦中，
她的负心，我的伤悲。

我不知道风
是在哪一个方向吹——
我是在梦中，
在梦的悲哀里心碎！

我不知道风
是在哪一个方向吹——
我是在梦中，
黯淡是梦里的光辉。

其时，徐志摩陷入了两大痛苦的旋涡之中。一是母亲离世，这于徐志摩而言实在猝不及防，未做好心理准备；二是为母奔丧之时，父亲徐申如不让陆小曼参加葬礼，由是徐申如与陆小曼之间的关系已到了不可调和的地步。因了此事，徐志摩同父亲大吵了一场，父子关系也变得紧张起来。这一期间，因林徽因生病一事，徐志摩与林徽因恢复了往来，并且联系日益频繁起来，且徐志摩时常参与林徽因组织的各类活动。也许徐志摩所言的“我借这一首不成形的咒诅的诗，发泄了成一腔的闷气，但我却并不绝望，并不悲观，在极深刻的沉闷的底里，我那时还摸着了希望”中的“希望”，与林徽因有关也不一定。

徐志摩在北京时，只身住在胡适家中，每月差不多六百元的收入在当时不算少了，但时有入不敷出之感。有一天，徐志摩在燕大遇见了冰心，冰心询其近况如何，他以“说什么以往，骷髅的磷光”这十字回之。可知徐志摩心境不佳。

后来，在一次宴会上，众人商量去看京剧，因陆小曼连发十几通电报催徐志摩回上海，徐志摩不能同去观看京剧，便向林徽因辞行。林徽因十一月十九日将在协和小礼堂为外国使节讲中国建筑艺术，嘱其若在北京，务必前往一听。一听是林徽因之事，徐志摩当然满口答应。

回到上海后，徐志摩为陆小曼带去了许多字画，望其能够摆脱颓靡的生活，重返艺术的殿堂。不料陆小曼不以为意，甚至大发小姐脾气，与徐志摩大吵一架，还将徐志摩特意带来的礼物弃置一旁。徐志摩忍无可忍，拂袖而去。

次日一早，徐志摩拜访了刘海粟。是日中午，至罗隆基家聚餐。至午夜，与挚友何竞武联席夜话，一宵未宿，直至翌晨共进早点。因林徽因讲座之日将近，其时局势不好，徐志摩急于赴北京查看情形，于是上午八时即赴机场，仓促北飞。此前，徐志摩曾与张幼仪晤过一面，张幼仪觉得邮机不太安全，嘱其勿搭邮机。因搭邮机较实惠且方便，徐志摩故未听之。不料邮机失事，徐志摩不幸遇难。

徐志摩的猝然辞世，教陆小曼身心俱受重创。至万国殡仪馆大殓时，陆小曼一见徐志摩之惨容，当即昏死过去，所幸抢救及时，并无大碍。此后，陆小曼便病倒了，经一年多的调养虽略有恢复，但精神愈发萎顿，且沉迷于吸食鸦片。徐申如每月给陆小曼寄去三百元生活费，约定陆小曼嫁人后即取消，后来得知陆小曼与翁瑞午同居，便取消了这一供给。

陈定山在《春申旧闻》中转抄了刘心皇《徐志摩与陆小曼》中的一段文字，大致记述了陆小曼在徐志摩逝世后的生活状态：

小曼确是个聪明绝顶的人，她对于新旧文学，都有修养。志摩去世后，她素服终身，从不看见她去游宴场所一次。她又请了贺天健教她画，汪星伯教她作诗。她没有钱，她卖了《爱眉小札》的版权，她每日供着志摩的遗像，给他上鲜花。但她离不开瑞午，瑞午也变卖了一切古董书画来供养小曼的芙蓉税。小曼的病，终日缠身，她掉了一口牙齿，从没有镶过一个。兰泽的青发，常常会得经月不梳，她已变了一个春梦婆了。但是瑞午却奉之若神明，只要小曼开口，他什么都能替她办到。你不要以为小曼憔悴成这个样子，便失了她旧日的风度吧？只要她一开口说话，那一种清雅的林下风度，仍能使你听到忘倦。所以小曼的妆阁，反成了文友集会的场所。

此段文字亦可见陆小曼与翁瑞午之关系确实有些特殊。总之缠绕至一处，早已难舍难分。

一九三三年清明节，陆小曼回硖石为徐志摩上坟，曾写一诗赠徐志摩的伯父徐蓉初，跋云：“癸酉清明回硖石为志摩扫墓，心有所感，因题此博伯父大人一笑，侄媳小曼敬赠。”诗云：“断肠人琴感未消，此心久已寄云峤。年来更识荒寒味，写到湖山总寂寥。”

此后，陆小曼致力于对徐志摩文字的整理、出版事宜。一九三六年，陆小曼编校《爱眉小札》并作序文，她在徐志摩生日当天写道：“今天是志摩四十岁的纪念日子，虽然什么朋友亲戚都不见一个，但是我们两个人合写的日记却已送了最后的校样来了。”

陆小曼一直打算将《志摩全集》出版，可惜直至去世，亦未遂愿。陆小曼早在抗战之前便与赵家璧一起整理《志摩全集》，共十卷，原打算由良友出版，后经胡适介绍，转至商务印书馆，因抗战爆发没了下文。陆小曼本以为该稿已轶失于战火之中，直至一九五四年春天，商务印书馆因不合时代不能出版，寄还了稿子，陆小曼复又见到了《志摩全集》的稿子。不过商务印书馆所寄稿子并非原稿，而是纸型和清样。后来，陆小曼将《志摩全集》交由陈从周保管，而陈从周则捐给了北京图书馆。直至一九八三年，香港商务印书馆以《志摩全集》的纸型和清样为基础，印行了十卷五册本的《徐志摩全集》。

陆小曼曾在一张履历上记述了这样一段文字：“我二十九岁时志摩飞机遇害，我就一直生病。到一九三八年三十五岁时，与翁瑞午同居。翁瑞午在一九五五年犯了错误，生严重的肺病，一直到现在还是要吐血，医药费是很高的，还多了一个小孩子的开支。我又时常多病，所以，我们的经济一直困难。翁瑞午虽有女儿给他一点钱，也不是经常的。我在一九五六年之前一直没有出去做过事情，在家看书，也不出门，直到进了文史馆。”此亦大致可知陆小曼后来的状态。

徐志摩逝世时，陆小曼作挽联云：“多少前尘成噩梦，五载哀欢，匆匆永诀，天道复奚论，欲死未能因母老；万千别恨向谁言，一身愁病，渺渺离魂，人间应不久，遗文编就答君心。”“遗文编就答君心”一句，或可知道陆小曼为何终身致力于整理、出版徐志摩的文字了。一九六五年四月，陆小曼逝世，享年六十三岁。其灵堂之上，仅书有一副挽联，为其友王亦令所撰：“推心唯赤诚，人世常留遗慧在；出笔多高致，一生半累烟云中。”

陆小曼至死仍有两憾，一是未能亲见《志摩全集》出版，二是未能与徐志摩合葬一处。

陆小曼逝世后，其骨灰一直未安葬，张奚若、刘海粟等人曾向徐志摩故乡的浙江硖石文化局提出申请，希望能将其骨灰与徐志摩合葬，但徐志摩与张幼仪之子徐积锴不同意，此事便不了了之。一九八八年，其侄陆宗出资为陆小曼修了一座纪念墓。自此，

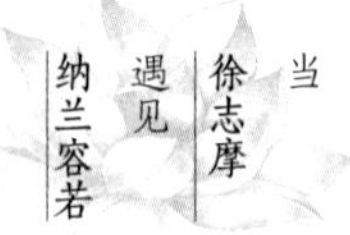

陆小曼长眠于苏州东山华侨公墓之中。

纳兰容若《浪淘沙》云：“红影湿幽窗，瘦尽春光。雨余花外却斜阳。谁见薄衫低髻子，抱膝思量。莫道不凄凉，早近持觞。暗思何事断人肠。曾是向他春梦里，瞥遇回廊。”梦回从前，纳兰容若回忆之人是谁？是青梅竹马的表妹，还是赌书泼茶的卢氏，抑或是诗书知己沈宛？徐志摩呢，又会忆起谁来，林徽因还是陆小曼？

纳兰容若曾说人到情多情转薄，而我却觉得纳兰容若与徐志摩一样，既多情亦薄情，他们二人给了喜欢之人太多太多的爱和温暖，对不喜欢之人，却不曾用温柔的眸光温暖过对方。于是，颜氏、官氏、张幼仪心上的冰雪，俱成了纳兰容若与徐志摩的薄情的遗址。只是，孰对孰错呢，终不可究。

若爱了，请深爱，如徐志摩对陆小曼那般，至死不渝地爱着。一九三一年十月二十九日，徐志摩在北京给陆小曼写了一封信，其时，他并不知道，这竟是他为她写的最后一封信：“致爱妻眉：今天是九月十九日，你二十八年前出世的日子，我不在家中，不能与你对饮一杯蜜酒，为你庆祝安康。这几日秋风寒冷，秋月光明，更使游子思念家庭；又因为归思已动，更觉百无聊赖，独自惆怅，遥想闺中，当亦同此情景。眉爱，你知我是怎样想念你！

你信上什么‘恐怕成病’的话，说得闪烁，使我不安。终究你这一月来身体有否见佳？爱，你何以如此固执，忍心和我分离两地？上半年来去频繁，又遭大故，倒还不觉得如何，这次可不同，如果我现在不回，到年假尚有两个多月。虽然光阴易逝，但我们夫妻恩爱，是否有此分离之必要？眉，你到哪天才肯听我的主张？我一人在此，处处觉得不合适；你又不肯来，我又为责任所羁，这真是难死人也……明天我叫图南汇给你二百元家用（十一月份），但千万不可到手就宽，我们的穷运还没到底；自己再不小心，更不堪设想。我如有不花钱飞机坐，立即回去，不管生意成否，我真是想你，想极了。”

谁念西风独自凉

雪小禅说爱情有毒。她说，爱情是永恒的溪水，没有枯竭，即使爱过去，仍然在记忆的光阴里闪亮。泰戈尔在《生如夏花》中写道：“我听见爱情，我相信爱情，爱情是一潭挣扎的蓝藻，如同一阵凄微的风，穿过我失血的静脉，驻守岁月的信念。”有时候，有些人，一旦遇见，往后余生，便心心念念了，如卢氏之于纳兰容若，如陆小曼之于徐志摩。尽管，卢氏早逝，陆小曼褪去了最初的激情。

最好的爱情，不一定是斯守终生，而是一个人的心上，始终住着一个人。

最好的爱情，还是你懂我。一个人懂一个人，这多么难得——因为懂得，所以卢氏为纳兰容若红袖添香；因为懂得，陆小曼终其一生，也要将徐志摩的文字整理出版。懂得，是爱情的棉花糖，使爱情香甜，使爱情柔软。

一九三一年十月二十九日，徐志摩给陆小曼写了最后一封信，而在写信的这一天，他也做了回上海的决定。原本，徐志摩打算乘张学良的飞机回去，因张学良事务太多，乘机时间一再延迟，故而徐志摩又在北京逗留了一段时间。

这段时间里，徐志摩当然没有闲着，他先后拜访了在北京的多位友人，而一些友人听闻他将南下，亦先后拜访了他。最早拜访徐志摩的，应是刘半农。廖辅叔在《刘半农与赵元任》中记述了此事："徐志摩南下上海，刘半农邀集友好为徐践行。一个月之后，徐志摩因飞机失事遇难，刘半农给他送去一副挽联曰：'一夕清谈成永诀；万山浓雾葬诗魂。'"此中的"一个月"为略数，乃次月之意。

接着，徐志摩与熊佛西亦聚了一场。熊佛西在《忆志摩》中记述道："某夜，我们在勺园小集，记得正是深秋阴霾天气，北风呼呼地刮着窗纸，落叶纷纷在院内卷起。熊熊炉火，一杯清茶，我们互谈心曲，他说往事如梦，最近颇想到前线去杀敌！他恨不能战死在沙场上！他什么样的生活经历都已经历，只没有过战场上的生活！他觉得死在战场上是今日诗人最好的归宿。”

十一月上旬，徐志摩拜访了叶公超。叶公超在《新月旧拾——忆徐志摩二三事》中写道：“志摩死的前几天，神采飞扬地来找我：‘明天一起去上海吧！机票来回免费。’我说：‘没事去上海，不去！’他一直怂恿我去玩玩，我坚持不去。谁知过几天飞机就出事了。”而在此文中，记述的另一件事亦是颇值得关注的。徐志摩为何给叶公超写了一封长信，写的又是些什么，怕是永远不知道答案了。“有一位朋友告诉我，徐志摩在飞机上有一封很长的信给我。结果，飞机撞山毁了，志摩死了，信没有了，而告诉我这件事的朋友也已经去世了。”

郑振铎拜访徐志摩，则在徐志摩决定南下之前。郑振铎在《悼志摩》中记述道：“我和他最后一次的见面是在四个礼拜以前，适之先生的家里。他到了北平，便打电话来找我，我在他房里坐了两三点钟。我们谈的话都是无关紧要的，但也都是无顾忌的。他的态度仍如平常一般的愉快，无思虑。想不到在四个礼拜之后，我们便永远再见不到他了……我还答应过清华的同学，说要找他来讲演。”文中还记述了徐志摩与许地山及梁思成夫妇的一次碰面：“地山告诉我说，他最后见到志摩的一天，是在前门的拥挤的人群里。志摩和梁思成君夫妇同在着。‘地山，我就要回南了呢。’志摩说。‘什么时候再回到北平来？’志摩悠然地带着玩笑似的态度说道：‘那倒说不上。也许永不再回来了。’地山复述着最后这句话时，觉得志摩的话有些‘语谶’。”

吴其昌在《志摩在家乡》中记述了徐志摩在梁思成家与梁思成夫妇闲谈一事，不知与许地山遇见徐志摩、梁思成、林徽因的那一天是否为同一天。当日，徐志摩剥了一只蜜橘，吴其昌吃了大半，徐志摩吃了余下的。而徐志摩至梁思成家的前一天，还去看望了凌叔华。凌叔华说：“明早要御风南去。”凌叔华有个本子，抄有徐志摩的一篇记游文字，并戏题志摩先生千古。徐志摩无意中瞧见了，笑道：“哪能就千古了呢？”次日未飞成，凌叔华问为何还在，徐志摩顽皮地说道：“风太大，吹回来了。”事见凌叔华所撰《志摩真的不回来了吗？》。

十一月十日，徐志摩与陶孟和、沈性仁夫妇闲谈了三个小时。同日，徐志摩在景山东大街遇见周作人，并言《猛虎集》还未送还，约定来日奉上。同日晚上，徐志摩与林徽因参加了英国柏雷博士的茶会。柏雷博士是英国作家曼殊斐儿的姊丈，因了此层关系，徐志摩分外殷勤，希望借交流多知道些曼殊斐儿的旧事。茶会结束后，徐志摩与林徽因在总布胡同分别。

林徽因在《悼志摩》中记述了二人在总布胡同分别一事，文中写道：“他离平的前一晚我仍见到，那时候他还不知道他次晨南旅的，飞机改期过三次，他曾说如果再改下去，他便不走了的……我们茶后匆匆地便散了。晚上我有约会出去了，回来时很晚，听差说他又来过，适遇我们夫妇刚走，他自己坐了一会儿，喝了一壶茶，在桌上写了些字便走了。我到桌上一看——‘定明早六时飞行，此去存亡不卜……’我怔住了，心中一阵不痛快，却忙给他一个电话。‘你放心，’他说，‘很稳当的，我还要留着生命看更伟大的事迹呢，哪能便死？’”徐志摩所言的更伟大的事迹，应是林徽因之后的讲座了。

这一次终于成行，飞机离北京愈来愈远，在北京的友人们，再无机会见着一个活生生的、时而谐趣时而郑重的徐志摩了。

十一月十一日早上六时，飞机自北京起飞，至南京后，徐志摩拜访了张歆海、韩湘眉夫妇。谈至夜晚，张歆海夫妇送徐志摩上了前往上海的火车。

次晨，徐志摩抵家。

十一月十三日晚上，郁达夫拜访了徐志摩。郁达夫在《志摩在回忆里》写道："在他遇难之前，从北平飞回来的第二天晚上，我也是偶然的，真真是偶然的，闯到了他的寓里。那一天晚上，因为有许多朋友会聚在那里的缘故，谈谈说说，竟说到了十二点过。临走的时候，还约好了第二天晚上的后会才兹分散。但第二天我没有去，于是就永远失去了见他的机会了，因为他的灵柩到上海的时候是已经殓好了来的。"

据韩石山所著《徐志摩传》记述，十一月十四日上午，徐志摩到刘海粟处观看刘海粟从国外带回来的新作。中午在罗隆基处午餐，午后又去了刘海粟处。是日下午，刑鹏举因访徐志摩不遇，留名片而去，徐志摩知悉后，写一便笺嘱人转送："得片至慰。此番匆匆南回，事前不及通知。今日午后来得不巧，我又因事外出。我已决定明日赴硖，后日夜车到宁。一切容后函谈。"十一月十五日，徐志摩回硖石老家。至十七日下午，抵达上海。是日原欲赴宁，行前与陆小曼大吵一架，愤然离去，陆小曼亦愤愤不平，便写了一封信置于桌上。是夜，徐志摩至陈定山处闲谈。次晨，约曹聚仁赴苏州拜访章太炎。是日下午回住处，见陆小曼之留信，便即取消拜访章太炎一事。此信言语颇刺眼目，徐志摩读罢，愤然提起行李便走，并于十八日坐车去了南京何竞武处。

陆小曼见徐志摩骤然离去，亦颇不安，自知理亏，亦作反省，旋即写信赔罪，于次日寄出。只是此信，徐志摩并未看到。全信如下：

昨天晚上我亦不知怎样写的那封信，我真是没有心肺的人了，我心里为难，我亦不管你受得受不得我，糊里糊涂地写了那封信！我这才受悔呢！还来得及么？你骂我亦好，怨我亦该，我没有再说话权了！我忍心么？我爱！你是不会怨我的，亦决不骂我的，我知道的！可是我自己明白了自己的错比你骂我还难受呢！我现在已经拿回那信了，你饶我吧！忘记了那封被一时情感激出来的满无诚意的信吧！实在是因为我那天晚上叫娘骂得我心灰意懒的，仿佛我那时间犯了多大的罪似的，恨不能在上帝前洗了我的罪立刻死去。现在我再亦不信我会写那样的信给你了，就算是你疑我亦不怨你，不过摩呀，我的心！你非信我爱你的诚心，你要我用笔形容出来，是十支笔都写不出来的，摩呀！你要是亦疑心我，或是想我是个coquette，那我真是连死都没有清白的路了，摩呀！今天先生说些话使我心痛得厉害，咳！难道说我这几个朋友还疑心我，还看不起么？可是我近来自己亦好怕我自己，我不如先的活了，有时我竟觉得我心冷得如灰一样，对于无论何事都没有希望，只想每天胡乱地过去，精乏力尽后倒床就睡。我前年的样子又慢慢地回来了，我自己的本性又渐渐地躲起来了，他人所见的我——不是我本来的我了。摩呀，我本来的我恐怕只有你一人能得到享受，或是永不再见人。昨天下午你走的时候，我心里乱极了，我要你——近我——近了我——又怕娘见着骂——你走了我心如失，摩呀！

此前，中国航空公司财务组主任保君健曾借徐志摩之名做过宣传，故赠了可以免费乘机的机票。为赶去参加林徽因的讲座，徐志摩联系了该航空公司，得知次日早上有去北京的飞机，徐志摩便决定乘坐此次航班赴北京。

是日尚有时间，徐志摩便欲拜访诸友。徐志摩先去了张歆海夫妇处，不遇。复去杨杏佛处，不遇。后于金陵咖啡馆吃晚点。之后，在电话中与张歆海相约晚上一晤。此是今人所知的徐志摩的最后事迹了，亦是徐志摩最后的锦绣时光，被韩湘眉记述在了《志摩最后的一夜》当中："十八日那天，你早车来宁，我们未接到你的信，下午不在家……一会儿，你的电话来了，知道你在何竞武家……‘是的，我来过了，晚上再来，我明天一定飞。’我怪你不写信，我们晚上有约。你说：‘你们早点回来，我十点钟在家等你们。’‘你九点半就来，我们一定早回家。’我说……你果是九点半左右到家的，那时两儿皆在梦中，你尚问起他们。你独自烘火，抽烟，喝茶，吃糖果……随后杏佛来电话，你就邀他来家。我们回得家来，已是十点多钟……我们未进门，已听见你们的笑语声……‘志摩，我们来迟了，累你等候。’我说。你说：‘我很舒服，烤火，吃糖，杏佛又来了。’接着你又说：‘好，来来！我们继续讨论上次未完的题目。’因十一日那夜我们曾谈论人生与恋爱。我们当时最注意的便是你的胖，因你十一那天过宁时与往常无甚差异，相隔不过一星期竟胖多了，长脸几乎变成圆脸了……说笑之间，我似忽有所感，我说：‘Suppose something happens tomorrow（明天出事怎样）？’志摩！你顽皮地笑着说：‘你怕我死么？’我说：‘志摩！正经话，总是当心点好。司机是中国人，还是外国人？’你不留意地回答：‘不知道！没有关系，I always want to fly（我一向要飞的）。’我以为那几天天气晴朗，宜于飞行。半晌我又说：‘你这次乘飞机，小曼说什么没有？’你连笑带皮地说：‘小曼说，我若坐飞机死了，她做Merry widow（风流寡妇）。’杏佛接嘴说：‘All widows are merry（凡是寡妇皆风流）。’

我们都笑起来。志摩！谁梦想得到！早知如此，我们一定用新麻绳将你捆起来，不许你动，锁在屋里，不让你出门……你当晚回到何竞武家里住宿，你说因他家离飞机场近，你是那样怕赶不上那遭殃的飞机……你喜坐飞机，当然是诗人的喜爱凌空驾虚，然而年来你奔南跑北，仍弄得一个青黄不接，所以更喜欢'揩油'，白坐！那阔人们置了飞机不坐，你却费了九牛二虎之力坐到一架要命不要钱的飞机！可爱的志摩！"

十一月十九日早上八时，徐志摩乘"济南号"邮政飞机自南京起飞。起飞前，徐志摩曾托机场人员于早上九时发电报给梁思成夫妇，嘱二人下午三时准时雇车至北京南苑机场接他。

梁思成准时至机场，至四时半仍不见飞机。林徽因颇觉不安，便请胡适设法打听徐志摩及飞机动向。十一月二十日，《晨报》刊登飞机遇难一事，至中午十二点多，胡适方从山东省教育厅厅长何思源处得知徐志摩已经遇难。

一九三一年十一月二十一日，上海《新闻报》所刊消息颇详，兹录于此：

中国航空公司京平线之济南号飞机，于十九日在济南党家庄附近遇雾失事，机既全毁，机师王贯一、梁璧堂及搭客徐志摩，均同时遇难。华东社记者，昨往公司方面及徐宅访问，兹将所得汇志如后。失事情形：济南号飞机于十九日上午八时，由（南）京装载邮件四十余磅，由飞行师王贯一、副机师梁壁堂驾驶出发，乘客仅北大教授徐志摩一人拟去北平，该机于上午十时十分飞抵徐州，十时二十分由徐继续北飞，是时天气甚佳，不料该机飞抵济南五十里党家庄附近，忽遇漫天大雾，进退俱属不能，致触山顶倾覆，机身着火，机油四溢，遂熊熊不能遏止。飞行师王贯一、梁壁堂及乘客徐志摩遂同时遇难。办理善后事：后为津浦路警发觉，当即报告该地站长，遂由站长通知公司济南办事处，再由办事处电告公司，公司于昨晨接电后，即派美籍飞行师安利生乘飞机赴（南）京，并转津浦车往出事地点，调查真相，以便办理善后。公司方面，并通知徐宅，徐宅方面，一方既嘱公司代为办理善后，一方面亦已由徐氏亲属张公权君派中国银行人员赶往料理一切。公司损失：济南号机为司汀逊式，于十八年蓉沪航空公司管理处时向美国购入，马力三百五十匹，速率每小时九十哩，今岁始换装新摩托，甫于二月前完竣飞驶，不意偶遇重雾，竟致失事，机件全毁，不能复事修理，损失除邮件等外，计五万余元……徐氏上星期乘京平线飞机来沪……才五六日，以教务纷繁，即匆匆拟返，不意竟罹斯祸……徐之乘坐飞机，系公司中保君健邀往乘坐，票亦公司所赠……由公司赠送，盖保君方为财务组主任，欲借诗人之名以作宣传，徐氏留沪者仅五日。

闻此噩耗，林徽因当场晕厥，张奚若失声恸哭。十一月二十日下午，林徽因、梁思成、张奚若、傅斯年等人至胡适处商酌后事。其时，沈从文远在青岛大学任教，闻悉后直奔济南，为徐志摩料理后事。陆小曼初闻噩耗时便晕过一次，见到遗体后又晕了一次，此后，与张幼仪以未亡人的名义料理后事。

徐志摩逝世后，郁达夫不会作联，便请陈紫荷代作一副："新诗传宇宙，竟尔乘风归去，同学同庚，老友如君先宿草；华表托精灵，何当化鹤重来，一生一死，深闺有妇赋招魂。"后在陈紫荷代写的挽联的基础上，加入一些事实，又得一副挽联："三卷新诗，廿年旧友，与君同是天涯，只为佳人难再得；一声河满，九点齐烟，化鹤重归华表，应愁高处不胜寒。"

林徽因写道："志摩的最动人的特点，是他那不可信的纯净的天真，对他的理想的愚诚，对艺术欣赏的认真，体会情感的切实，全是难能可贵到极点。”她又写道：“这以后许多思念你的日子，怕要全是昏暗的苦楚，不会有一点点光明，除非我也有你那美丽的诗意的信仰！”

陆小曼写道：“我深信世界上怕没有可以描写得出我现在心中如何悲痛的一支笔。不要说我自己这支轻易也不能动的一支。可是除此我更无可以泄我满怀伤怨的心的机会了，我希望摩的灵魂也来帮我一帮……事到如今我一些也不怨，怨谁好？恨谁好？你我五年的相聚只是幻影，不怪你忍心去，只怪我无福留，我是太薄命了，十年来受尽千般的精神痛苦，万样的心灵摧残，直将我这一颗心打得破碎得不可收拾？今天才变了死灰的了，也再不会发出怎样的光彩了……完了，完了，从此我再听不见你那叽咕小语了，我心里的悲痛你知道么？我的破碎的心留着等你来补呢，你知道么？唉，你的灵魂也有时归来见我么？”

任千支笔万句言为徐志摩招魂、哀号，这个云中君，真的从云中化鹤而去了，如云一般被雨打风吹去……只是，这人间还是从前那个人间吗？

而纳兰容若，也在无知无觉地度着那些锦绣的、绚烂亦黯淡的最后的光阴。

一六七六年秋天，纳兰容若始任三等侍卫，这一年，他二十二岁。一六八二年夏天，纳兰容若升任二等侍卫，这一年，他二十八岁。一六八五年春天，纳兰容若升任一等侍卫，这一年，他三十一岁。

纳兰容若官运不佳，终其一生也只是做到了一等侍卫，但这于他而言，也许并非憾事。任三等侍卫那年，纳兰容若已与顾贞观、严绳孙诸友相识，那年四月，严绳孙南归，纳兰容若作诗赠之。五月初，曹寅至京，纳兰容若为曹寅之《楝亭图》题《满江红》一阕。五月二十二日，梁佩兰、顾贞观、姜宸英、吴雯集于纳兰容若处，饮酒，各赋《夜合花》诗。是年秋天穹隆山道士施道源入京，纳兰容若宴请之，施道源归去时，纳兰容若又作《送施尊师归穹隆》《再送施尊师归穹隆》赠之。马云翎落第归江南，纳兰容若亦作诗赠之。任二等侍卫那年，纳兰容若与朱彝尊、陈维崧、严绳孙、顾贞观、姜宸英、吴兆骞、曹寅等友人于正月十五上元夜集于花间草堂。任一等侍卫那年，已有一些旧友再也看不到了，马云翎卒于一六七八年，陈维崧卒于一六八二年，吴兆骞卒于一六八四年，而顾贞观等人并未意识到，一六八五年竟成了一阕词的最后一句，纳兰容若也终于活成了一阕词。

窥其一生可知，纳兰容若同徐志摩一般，一生都在交游。他

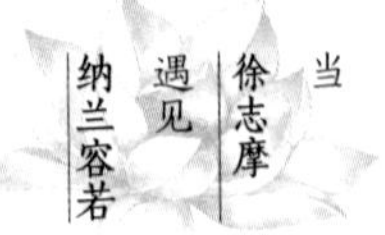

们的知己，南北遍是。

一六八五年成了一段生命的句号，这也是纳兰容若最后的时光。因此，众人于渌水亭咏夜合花一事，成了纳兰容若最后的绚烂与锦绣。

早在此前一年，纳兰容若已颇不妙。一六八四年十二月十二日，姜宸英为纳兰容若作《三十初度》一诗。是年岁暮，纳兰容若纳江南才女沈宛为副室。是年，纳兰容若写信给梁佩兰，邀其至京共编词选。其信今有流传，然无题目，今人称作《与梁药亭书》，全文如下：

仆少知操觚，即爱《花间》致语，以其言情入微且音调铿锵、自然协律。唐诗非不整齐工丽，然置之红牙银拨间，未免病其版摺矣。

从来苦无善选，唯《花间》与《中兴绝妙词》差能蕴藉。自《草堂词统》诸选出，为世脍炙，便陈陈相因，不意铜仙金掌中竟有尘羹涂饭，而俗人动以当行本色诩之，能不齿冷哉。

近得朱锡鬯《词综》一选，可称善本。闻锡鬯所收词集凡百六十余种，网罗之博、鉴别之精，真不易及。

然愚意以为，吾人选书不必务博，专取精诣杰出之彦，尽其所长，使其精神风致涌现于楮墨之间。每选一家，虽多取至十至百无厌，其余诸家不妨竟以黄茅白苇概从芟薙。青琐绿疏间粉黛三千，然得飞燕、玉环，其余颜色如土矣。

天下唯物之尤者，断不可放过耳。江瑶柱入口而复咀嚼，鲍鱼马肝有何味哉。仆意欲有选如北宋之周清真、苏子瞻、晏叔原、张子野、柳耆卿、秦少游、贺方回，南宋之姜尧章、辛幼安、史邦卿、高宾王、程钜夫、陆务观、吴君持、王圣与、张叔夏诸人多取其词，汇为一集，余则取其词之至妙者附之，不必人人有见也。

不知足下乐与我同事否？有暇及此否？处雀喧鸠闹之场而肯为此冷淡生活，亦韵事也。望之。望之。

梁佩兰接到此信，深感纳兰容若之心气正高，欲在词坛做一番事业，于是欣然应允。殊不知其时纳兰容若所作之长短句里已溢出缕缕暮气。这一年，是纳兰容若娶卢氏的第十一年，纳兰容若作《采桑子》悼之："谢家庭院残更立，燕宿雕梁。月度银墙，不辨花丛那辨香。此情已自成追忆，零落鸳鸯。雨歇微凉，十一年前梦一场。”微凉的何止是时节，更是一位翩翩公子的心意与生命。

而从这一年所作的《金缕曲·寄梁汾》中，纳兰容若的暮气已然惊心可感。

祭吴汉槎文

纳兰容若

呜呼，我与子昔，爰居爰处。谁料倏忽，死生异路。自我别子，子病虽遽。款款话言，历历衷素。初谓奄旬，尚可聚首。俄然物化，杨生左肘。青溪落月，台城衰柳。哀讣惊闻，未知是否。畴昔之夜，玄冕垂缨。呼我永别，号痛就醒。非子也耶，仿佛精灵。我归不闻，子笑语声。子信死矣，传言是矣。帷堂而哭，寡妻弱子。七十之母，远在故里。返輀何日，倚闾何俟。嗟嗟苍天，何厚其才。而啬其遇，亦孔艰哉。弱龄克赋，左马右枚。未题雁墙，先泣龙堆。中郎朔方，亭伯辽海。萧萧寒吹，荒荒破垒。子穷过此，二十四载。凌云欲奏，狗监安在。自我昔年，邂逅梁溪。子有死友，非此而谁。金缕一章，声与泣随。我誓返子，实由此词。皇恩荡荡，磅礴无垠。阜帽归来，鸣咽露巾。我喜得子，如骖之靳。花间草堂，月夕霜辰。未几思母，翻然南棹。凭舻发咏，临流垂钓。舟还巨壑，鹤归华表。朋旧全非，容颜乍老。中得子讯，卧疴累月。数寄尺书，趣子遄发。授馆甫尔，遂苦下泄。两月之间，便成永诀。自古才人，易夭而贫。黄金突兀，白玉嶙峋。以彼一日，易我千春。知子不顺，卓哉斯文。子志未竟，子劳已息。有子与女，块然苫席。言念交期，慰尔营魄。灵兮鉴之，无嗟远客。尚飨。

一六八五年悄然而至，渌水亭雅集成了一首绝句。

一六八五年三月，康熙皇帝书唐人贾至诗赐给纳兰容若，后又命纳兰容若赋诗。此事见徐乾学为纳兰容若所撰墓志：“是岁万寿节（三月十八日圣祖诞辰），上亲书唐贾至《早期》七言律赐之。月余，令赋《乾清门应制诗》，译御制《松赋》，皆称旨，于是外庭佥言，上知其有文武才，非久且迁擢矣。呜呼，孰意其七日不汗死耶！”

是年四月，严绳孙南归。严绳孙于祭文中，记述了纳兰容若为其送行的情形：“岁四月，余以将归，入辞容若时，坐无余人，相与叙生平之聚散，究人事之终始，语有所及，怆然伤怀久之。

别去又送我于路，亦终无所复语。然观其意，若有所甚不释者，颇怪前此之别未尝有是。”

是年五月二十二日，梁佩兰至京，纳兰容若集顾贞观、姜宸英等人于渌水亭，为梁佩兰接风洗尘。宴饮之余，纳兰容若见夜合花开得正繁，便提议吟咏夜合花，诸人颇觉有趣，拍手附和。此次雅集及吟咏，时人多有记述。顾贞观在祭文中写道：“示疾之前一日，集南北之名流，咏中庭之双树。”姜宸英亦记述道：“夜合之花，分咏同裁，诗墨未干，花犹烂开。七日之间，玉折兰摧。”朱彝尊亦云：“夜合惺忪，花散笺帙，联吟比调，曾未旬日。是先生作此诗时，距逝世仅七日耳，盖绝笔矣。”

纳兰容若咏《夜合花》云：“阶前双夜合，枝叶敷华荣。疏密共晴雨，卷舒因晦明。影随筠箔乱，香杂水沉生。对此能销忿，旋移近小楹。”此五律颇受诸人推崇，于是和者颇众。其中，姜宸英亦作了一首，既为了酬和，亦为了劝慰纳兰容若：“窗前故摇曳，况复晓风吹。得地为交让，生庭即采芝。分阴上阶薄，交翠拂帘迟。良会欢今日，无烦蠲忿为。”姜宸英此律，旨在劝慰纳兰容若人生得意须尽欢，不要有过多烦恼。

只是，身体状况如此，已不是纳兰容若想看开就能看开的。雅集结束后，至次日，纳兰容若病情加重，卧床不起。至五月三十日，纳兰容若发烧不退，溘然长逝。徐乾学记述道：“容若既得疾，上使中官侍卫及御医日数辈络绎至第诊治。于是上将出关避暑，命以疾增减报，日再三，疾亟，亲处方药赐之，未及进而殁，上为之震悼，中使赐奠，恤典有加焉。容若尝奉使觇梭龙诸羌，其殁后旬日，适诸羌输款，上于行在遣官使拊其几筵哭而告之，以其尝有劳于是役也。”

纳兰容若卒后，顾贞观、姜宸英、徐乾学等人悲恸不已，纷纷作祭文悼之。其父纳兰明珠每次退朝归来，只见其房间而不见其人，常常恸哭流涕。

纳兰容若与顾贞观互为挚友，故录顾贞观所撰《纳兰容若祭文》于此。

纳兰容若祭文

顾贞观

呜呼吾哥！其敬我也，不啻如兄；其爱我也，不啻如弟。而今舍我去耶？吾哥此去，长往何日？重逢何处？不招我一别，订我一晤耶？且擗且号，且疑且愕。日晻晻而遽沉，天苍苍而忽暮，肠惨惨而欲裂，目昏昏而如瞀。其去耶？其未去耶？去不去尚在梦中，而吾两人俱未寤耶？吾哥去，而堂上之两亲何以为怀？膝下之弱子何以为怙？辇下之亲知僚友何以相资益？海内之文人才子，或幸而遇，或不遇而失路无门者，又何以得相援而相煦也？欲状告吾哥之生平，既声泪俱发，而不忍为追。唯欲述吾两人之交情，更声泪俱竭，而莫能为觇缕。盖屈指丙辰以迄今，兹十年之中，聚而散，散而复聚，无一日不相忆，无一事不相体，无一念不相注。弟举其大者言之：吾母太孺人之丧，三千里奔讣，而吾哥助之以麦舟；吾友吴兆骞之厄，二十年求救，而吾哥返之于戍所。每戆言之数进，在总角之交，尚且触忌于转喉，而吾哥必曲为容纳，洎谗口之见攻，虽毛里之戚，未免致疑于投杼，而吾哥必阴为调护，此其知我之独深，亦为我之最苦。岂兄弟之不如友，生至今日而竟非虚语！又若尔汝形忘，晨夕心数，语唯文史，不及世务，或子衾而我覆，或我觞而子举，君赏余弹指之词，我服君饮水之句。歌与哭总不能自言，而旁观者更莫解其何故。又若风期激发，慷慨披露，重以久要，申其积素，吾哥既引我为一人，我亦望吾哥以千古。他日执令嗣之手，而谓余曰："此长兄之犹子。"复执余之手，而谓令嗣曰："此孺子之伯父也。"呜呼！此意敢以冥冥而相负耶？总之，吾哥胸中，浩浩落落，其于世味也甚淡，直视勋名如糟粕、势利如尘埃，其于道谊也甚真，特以风雅为性命、朋友为肺腑。人见其掇科名、擅文誉，少长华阀，出入禁御，无俟从容政事之堂，翱翔著作之署，故已气振夫寒儒，抑且身膺夫异数矣。而安知吾哥所欲试之才，百不一展；所欲建之业，百不一副；所欲遂之愿，百不一酬；所欲言之情，百不一吐。实造物之有靳乎斯人，而并无由毕达之于君父者也！犹忆吾哥见赠之词，有曰："一日心期千劫在，后身缘、恐结他生里。"又曰："唯愿把来生祝取慧业，同生一处。"呜呼！又岂偶然之言，而他人所得预者耶？吾哥示疾前一日，集南北之名流，咏中庭之双树。余诗最后出，读之铿然，喜见眉宇，若唯恐不肖观之落人后者。已矣！伯牙之琴，盖自是终身不复鼓矣，何身可赎？何天可吁？音容僾然，泣涕如澍。再世天亲，誓言心许。魂兮归来，鉴此悰悰。

徐乾学所撰之墓志铭，翔实记述了纳兰容若之生平，对了解纳兰容若的各方面极有裨益，亦录于此。

皇清通议大夫一等侍卫佐领纳兰君墓志铭

徐乾学

内阁呜呼！始容若之丧而余哭恸也。今其弃余也数月矣，余每一念至，未尝不悲来填膺也。呜呼！岂直师友之情乎哉。余阅世将老矣，从吾游者亦众矣，如容若之天姿之纯粹、识见之高明、学问之淹通、才力之强敏，殆未有过之者也。天不假之年，余固抱丧予之痛，而闻其丧者，识与不识皆哀而出涕也，又何以得此于人哉！太傅公失其爱子，至今每退朝，望子舍必哭，哭已，皇皇焉如冀其复者，亦岂寻常父子之情也。至尊每为太傅劝节哀，太傅愈益悲不自胜。余间过相慰则执余手而泣曰：唯君知我子，惠邀君言以掩诸幽，使我子虽死犹生也。余奚忍以不文为辞。顾余之知容若，自壬子秋榜后始，迄今十三四年耳。后容若入侍中，禁廷严密，其言论梗概有非外臣所得而知者。太傅属痛悼未能殚述，则是余之所得而言者，其于容若之生平又不过十之二三而已。呜呼！是重可悲也。容若，姓纳兰氏，初名成德，后避东宫嫌名，改曰性德。年十七补诸生，贡入太学。余弟立斋为祭酒，深器重之，谓余曰：司马公贤子非常人也。明年，举顺天乡试，余忝主司，宴于京兆府，偕诸举人青袍拜堂下，举止闲雅。越三日，谒余邸舍，谈经史源委及文体正变，老师宿儒有所不及。明年会试中式将廷对，患寒疾，太傅曰：吾子年少，其少俟之。于是益肆力经济之学，熟读通鉴及古人文辞，三年而学大成。岁丙辰应殿试，条对凯切，书法遒逸，读卷执事各官咸叹异焉。名在二甲赐进士出身。闭门埽轨，萧然若寒素，客或诣者，辄避匿。拥书数千卷，弹琴咏诗自娱悦而已。未几，太傅入秉钧，容若选授三等侍卫，出入扈从，服劳唯谨，上眷注异于他侍卫。久之，晋二等，寻晋一等。上之幸海子、沙河、西山、汤泉及畿辅、五台、口外、盛京、乌剌及登东岱、幸阙里、省江南，未尝不从。先后赐金牌、彩缎、上尊御馔、袍帽、鞍马、弧矢、字帖、佩刀、香扇之属甚夥。是岁万寿节，上亲书唐贾至《早期》七言律赐之。月余，令赋《乾清门应制诗》，译御制《松赋》，皆称旨，于是外庭佥言，上知其有文武才，非久且迁擢矣。呜呼，孰意其七日不汗死耶！容若既得疾，上使中官侍卫及御医日数辈络绎至第诊治。于是上将出关避暑，命以疾增减报，日再三，疾函，亲处方药赐之，未及进而殁，上为之震悼，中使赐奠，恤典有加焉。容若尝奉使觇梭龙诸羌，其殁后旬日，适诸羌输款，上于行在遣官使拊其几筵哭而告之，以其尝有劳于是役也。于此亦足以知上所以属任之者非一日矣。呜呼，容若之当官任职，其事可得而纪者，止于是矣。余滋以其孝友忠顺之性，殷勤固结，书所不能尽之言，言所不能传之意，虽若可仿佛其一二而终莫能而悉也为可惜也。容若性至孝，太傅尝偶恙，日侍左右，衣不解带，颜色黝黑，及愈乃复初。太傅人加餐辄色喜，以告所亲。友爱幼弟，弟或出，必遣亲近傔仆护之，反必往视，以为常。其在上前，进反曲折有常度。性耐劳苦，严寒执热，直庐顿次，不敢乞休沐自逸，类非绮襦纨者所能堪也。自幼聪敏，读书一再过即不忘。善为诗，在童子已句出惊人，久之益工，得开元、大历间丰格。尤喜为词，自唐、五代以来诸名家词皆有选本，以洪武韵改并联属名《词韵正略》。所著《侧帽集》后更名《饮水集》者，皆词也。好观北宋之作，不喜南渡诸家，而清新秀隽，自然超逸，海内名为词者皆归之，他论著尚多。其书法摹褚河南，临本禊帖，间出入于黄庭内景经。当入对殿廷，数千言立就，点画落纸无一笔非古人者。荐绅以不得上第入词馆为容若叹息，及被恩命引而置之珥貂之行，而后知上之所以造就之者，别有在也。容若数岁即善骑射，自在环卫益便习，发无不中，其扈跸时，毡帐内雕弓书卷，错杂左右，日则校猎，夜必读书，书声与他人鼾声相和。间以意制器，多巧倕所不能。于书画评鉴最精。其料事屡中，不肯轻与人谋，谋必竭其肺腑。尝读赵松雪自写照诗有感，即绘小像，仿其衣冠，坐客或期许过当，弗应也。余谓之曰：尔何酷类王逸少？容若心独喜。所论古时人物，尝言王茂弘阑阇阑阇，心术难问；娄师德唾面自干，大无廉耻，其识见多此类。间尝与之言往圣昔贤修身立行，及于民物之大端，前代兴亡理乱所在，未尝不慨然以思。读书至古今家国之故，忧危明盛，持盈守谦，格人先正之遗戒，有动于中未尝不形于色也。呜呼，岂非大雅之所谓亦世克生者耶，而竟止于斯也。夫岂徒吾党之不幸哉！君之先世，有叶赫之地，自明初内附中国，讳星根达尔汉，君始祖也，六传至讳杨吉努，君高祖考也。有子三人，第三子讳金台什，君曾祖考也。女弟为太祖高皇帝后，生太宗文皇帝。太祖高皇帝举大事而叶赫为明外捍，数遣使谕，不听，因加兵克叶赫，金台什死焉。卒以旧恩存其世祀。其次子即今太傅公之考，讳倪迓韩，君祖考也。君太傅之长子，母觉罗氏，一品夫人。渊源令绪，本崇积厚，发闻滋大，若不可圉。配卢氏，两广总督兵部尚书都察院右副都御史兴祖之女，赠淑人，先君卒；继室官氏，光禄大夫少保一等公朴尔普女，封淑人；男子子二人，福哥、永寿，遗腹子一人；女子子一人，皆幼。君生于顺治十一年十二月戊辰，卒于康熙二十四年五月己丑，年三十有一。君所交游，皆一时隽异，于世所称落落难合者。若无锡严绳孙、顾贞观、秦松龄，秀水朱彝尊，慈溪姜宸英尤所契厚，吴江吴兆骞久徙绝塞，君闻其才，力赎而还之。坎坷失职之士走京师，生馆死殡，于赀财无所计惜，以故君之丧，哭之者皆出涕，为挽辞者数十百人，有生平未识面者。其于余绸缪笃挚，数年之中，殆日以余之休戚为休戚也，故余之痛尤深，既为诗以哭之，应太傅之命而又为之铭。铭曰：天实生才，蕴崇胚胎，将象贤而奕世也。而靳与之年，谓之何哉。使功绪不显于旗常、德泽不究于黎庶，岂其有物焉为之灾，唯其所树立，亦足以不死矣，而亦又奚哀！

至此，徐志摩、纳兰容若二人，俱化鹤归华表矣。泰戈尔《生如夏花》诗云：“生来如同璀璨的夏日之花，不凋不败，妖冶如火，承受心跳的负荷和呼吸的累赘，乐此不疲……死时如同静美的秋日落叶，不盛不乱，姿态如烟，即便枯萎也保留丰肌清骨的傲然，玄之又玄。”

能够生如夏花之绚烂、死如秋叶之静美的人，世间没有几个，恰巧的是，徐志摩与纳兰容若，俱是这样的人。

清初诗人屈大均诗云：“半生春梦何曾足，垂老云游尚未非。”徐志摩亦作了一首《云游》诗，只是，徐志摩尚未垂老，便已云游而去，不知魂归何处了。

云游

徐志摩

那天你翩翩地在空际云游，

自在，轻盈，你本不想停留

在天的那方或地的那角，

你的愉快是无拦阻的逍遥，

你更不经意在卑微的地面

有一流涧水，虽则你的明艳

在过路时点染了他的空灵，

使他惊醒，将你的倩影抱紧。

他抱紧的是绵密的忧愁，

因为美不能在风光中静止；

他要，你已飞渡万重的山头，

去更阔大的湖海投射影子！

他在为你消瘦，那一流涧水，

在无能地盼望，盼望你飞回！

有人评论说，从《沙扬娜拉》《再别康桥》到《云游》，人们很自然在其中找出徐志摩诗作中基本一致的诗歌形象和抒情风格。这类最能代表徐志摩才性和诗情的诗歌，不仅以优美的想象以及空灵洒脱的意境打动着读者，而且也因为其中隐约着的对人生的理解及对生命时时透出的希望与信仰使读者认识到艺术的价值与美的意义。在这些诗中，徐志摩构筑着自己“爱、自由、美”的单纯信仰的世界。《云游》是其中的一颗明珠。

其实，《云游》是徐志摩的影子，徐志摩虽云游而去了，但他的影子一直都在。

纳兰容若虽也云游而去了，但我最怀念的，竟不是他的“人生若只如初见”和“当时只道是寻常”，而是他的一句寻常的、宛如小家碧玉的“有个盈盈骑马过”。

浣溪沙

纳兰容若

一半残阳下小楼，朱帘斜控软金钩。倚栏无绪不能愁。

有个盈盈骑马过，薄妆浅黛亦风流。见人羞涩却回头。

纳兰容若填此阕小令时，应是想到了那个青梅竹马的表妹。那是他喜欢的第一个人——有些人一旦喜欢上了，便再也忘怀不了了。也许，徐志摩也一样吧，尽管徐志摩与陆小曼成了婚，而他喜欢的人也做了他人妇，但是他最念念不忘的，还是她吧。

她们成了他们的回忆，他们成了我们的回忆。徐志摩，纳兰容若——你们二人——何日云游兮归来？